JN078894

実装
CVC
技術経営から
戦略・財務リターンまで

KPMG FAS [編]

CORPORATE
VENTURE CAPITAL

中央経済社

はじめに

　前著『実践 CVC』は増刷を重ね，読者の皆さまからは多くの反響を頂戴した。「M&A と CVC の違いがよくわかった」，「CVC 設立の羅針盤になった」，こうした声を頂戴したことは，執筆メンバー一同にとって望外の喜びであった。また，前著発刊から 2 年を経過した今もご購入いただいていることは，日本における CVC の重要性が高まっていることの表れであると強く感じている。

　そうした流れの中で，イノベーションに向けて大企業側が具備すべき技術経営のあり方や，よりリアルなスタートアップ投資の実践手法について知りたいという，多数のご要望を頂戴した。こうしたご要望を受けて，本書では技術とスタートアップ投資の関係について取り上げている。また，2020年に入って世界に蔓延した新型コロナウイルスは，スタートアップ投資にも大きな影響を与え，With コロナ時代におけるスタートアップ投資のあり方が問われている。コロナ禍による消費者の行動変容や三密回避によって，多くの企業でこれまでの研究開発業務が停滞するといった事態が生じており，内製のみの R&D は難易度が高まってきている。こうした状況は数年に及ぶ可能性もあるが，コロナ禍を受けた「非接触・リモート」といった非連続変化に素早く対応するために，外部連携による投資型の R&D を志向する動きも生じている。KPMG の試算では，米国における2018年の R&D 費用に対する CVC 出資額が20.8％であるのに対し，日本は2.3％に過ぎない。こうしたベンチマークからも，日本企業が R&D を外部化する手法の 1 つとして，CVC を活用する可能性は大いにあるのではないだろうか。

　新型コロナウイルスは，世界中に非連続な変化をもたらした。過去にもこうした劇的な環境変化によってイノベーションが創出され，スタートアップが生まれる契機となった例は数多くある。例えば，2008年のリーマンショック。その後，Airbnb，UBER，Sportify，Dropbox など，インターネットマッチング技術を駆使したシェアリングエコノミー型スタートアップが登場したことは記

憶に新しい。今回のコロナ禍においても同様のイノベーションが起こるのは間違いないであろう。

　この新型コロナウイルスを契機としたイノベーションは，俯瞰的に捉えると受動的なイノベーション，すなわち，変わらざるを得ない環境が作り出されたものとも解釈できる。しかしながら，コロナ禍という外部環境の変化は，これまでのどんな外部環境の変化よりも破壊的イノベーションを生み出す契機となる可能性を秘めているのではないだろうか。こうした時期において，本来能動的なイノベーションを創出するパワーを秘めている CVC が果たすイノベーションに向けた役割はどんなものになるのか？　『実践 CVC』に続く第 2 弾の本書は，前著との重複は一切ない内容で構成している。

　第 1 章「Corporate Venturing のトレンド」では，With コロナ時代の CVC 投資環境やオープンイノベーションセンターの動向を紹介する。第 2 章では，「技術経営とスタートアップ投資」として，技術を社会実装し，イノベーションを実現する技術経営のあり方について解説する。そして第 3 章では，"CVC ポートフォリオの定量シミュレーションの方法を知りたい"，"CVC の投資判断をどのように行えばいいのか知りたい"，"スタートアップのソーシング方法について知りたい"，といったご要望にお応えすべく，CVC 運用の実際として，投資領域の設計，投資ポートフォリオのシミュレーション手法，スタートアップソーシング，投資意思決定フロー，投資契約実務，キャピタリストの報酬制度，株式評価フローと超実践的な内容とした。さらに，もう 1 つの大きなご要望として頂戴したスタートアップのバリュエーションについて，第 4 章で解説する。第 5 章では，最近注目を浴びつつあるオープンイノベーション税制について解説する。当該税制は日本の CVC 活動を後押しする基盤整備であり，見過ごせない内容になっている。続く第 6 章では，CVC の最先端事例として，外資系 CVC の Next47，GE ベンチャーズ，国内系 CVC のエーザイ，パナソニックベンチャーズ，凸版印刷の国内系 CVC の各社から，日本における CVC 活動の一助になればと，スタートアップ投資に関する "現場のリアル" をご開示いただいた。各社とも，With コロナ時代も積極的に CVC 活動を継続し，

能動的なイノベーション活動に邁進されている。非連続変化を志向している企業にとって，特に国内3社の取組みは大変有意義な実践例となっている。エーザイ様，パナソニックベンチャーズ様，凸版印刷様には，この場を借りて改めて御礼申し上げたい。そして最終第7章は，特別寄稿として，早稲田大学ビジネススクール准教授樋原伸彦さんと，ニコンのCVC活動を先導されてきた前執行役員経営戦略本部副本部長の吉川健二さんに，ニコンのCVC活動を実践・理論双方の見地から，Exitに至るプロセスについて執筆いただいた。日本におけるCVCのExit事例は希少であり，本章の内容は，読者諸氏にとって大いに参考になるであろう。

　前著『実践CVC』は，日本におけるCVCの"アクセラレーター"として微力ながらも一定の役割を果たすことができたものと自負している。そのうえで，本書には，日本におけるCVCの"イネーブラー"としての役割を果たしたい，という執筆者一同の思いが込められている。本書が読者諸氏のイノベーションを促進する"触媒"の一助となれば幸いである。

　最後に，昨今のコロナ禍におけるCVCの重要性を理解し，前著に続いて執筆の機会をご提供いただくとともに，適宜助言も下さった中央経済社の奥田真史次長に，心より感謝を申し上げたい。

2020年12月

KPMG FAS　執行役員パートナー

岡本　准

CONTENTS

第４章　スタートアップの価値評価　　129

第1章

With COVID-19時代における Corporate Venturing のトレンド

[1] イノベーション投資手法の再検討の必要性

　今後のスタートアップの投資環境を語るうえで避けて通ることができないのが新型コロナウイルス（以後，「COVID-19」）の影響である。

　世界的な経済活動の停滞は，多くの国でGDPの下落や失業率の上昇をもたらし，世界が長期的な景気後退局面を迎えている。わが国においても，緊急事態宣言が発令された4月以降，外出自粛や特定業種に対する休業要請の影響，入国制限に伴うインバウンド消費の消失により，国内消費は大きく落ち込んだ。そのインパクトは，東日本大震災やリーマンショック以上のものである。

　かかる環境下において，企業は，オンライン化の導入や予算の削減など，事業および組織運営を持続させるための施策を採り続け，平時の体制を取り戻すための取組みが模索されている。しかしながら，COVID-19は人々の行動様式や意識に不可逆な変化をもたらし，感染拡大がピークアウトしたり，ワクチン開発が実現したりしたとしても，COVID-19以前の平時に戻るということは考えられない。そこに待っているのは"ニューノーマル"であり，COVID-19によってもたらされた社会・経済の変容を所与として事業と組織を再構築し，適応していくことが不可欠である。

　"ニューノーマル"という非連続な局面は，非連続な進化を創成するイノベーションとの親和性が高い。イノベーション投資手法であるCVCは，"ニューノーマル"時代においてこそ真価を発揮する。現在，全ての業界で"ニューノーマル"が模索されている。もはや，「非接触」，「リモート」は"ニューノーマル"の前提条件となった。この前提条件の下で，"ニューノーマル"はどのような「カタチ」として創造されていくのだろうか。CVCは，来たる"ニューノーマル"を創造するアクターであるスタートアップの成長を促進する「カタリスト」として，いっそうその重要性が増していくであろう。

［2］　米国 VC 投資への影響は軽微にとどまる

　コロナ禍におけるスタートアップ投資への影響について，世界最大のスタートアップ大国である米国はどのような状況になっているだろうか。米国においても，3 月以降のロックダウンに伴う景気後退が国全体を揺るがした。VC を始めとする投資家は，従来，対面での面談を通じて投資を検討してきたため，ロックダウンは VC 業界のビジネス慣行をも大きく変化させた。しかしながら，2020年 Q 2 の実績を見ると，投資件数は対 Q 1 比でおよそ25％減少したものの，投資金額は COVID-19以前の水準とさほど変化はなく，足元では COVID-19による影響はまだ確認されていない。

　With COVID-19においても，対面でのスタートアップ関連イベントの再開には時間を要すると思われるが，テレワークやオンラインマーケティングが急速に定着したように，投資家とスタートアップの対面にもオンライン化が定着し，VC 投資件数の落ち込みも徐々に回復するであろう。

| 図表 1 － 1 | 米国における VC 投資件数合計と投資金額総額の推移 |

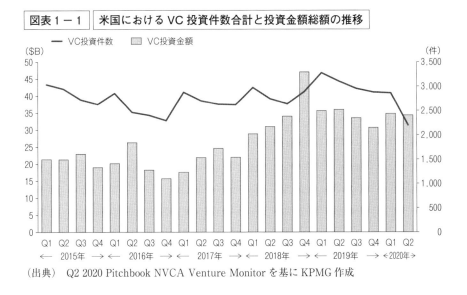

（出典）　Q2 2020 Pitchbook NVCA Venture Monitor を基に KPMG 作成

スタートアップの事業ステージ別に見ると，初期ステージのスタートアップ
ほど，投資件数の減少が大きいことが見てとれる。

　特に，シード，アーリーステージ向け投資は，件数・金額ともに大幅に減少
している。VC としても，COVID-19による景気後退局面においてスタート
アップの事業性の評価が難しくなる中，元来リスクの高いシード，アーリーの
スタートアップに対する投資よりも，まずは自社のポートフォリオ企業が生き
残れるかどうかの見極めを優先したという事情も影響しているであろう。実際，
2020年 Q 2 に実施された VC の投資は，ほぼフォローオンであり，既存のポー
トフォリオ企業に対する投資であることがわかる。

　一方で，エンジェル投資に関しては，件数は減少しているものの，投資額に
大きな変動は見られない。エンジェル投資家の多くは，短期的な経済的価値よ
りも，アントレプレナーの挑戦の支援を目的とした個人富裕層であり，ハイリ
スクなシード段階で比較的少額の資金供給機能を担っている。このようなエン
ジェル投資家の性向ゆえ，コロナ禍においても安定的に推移したものと考えら
れる。

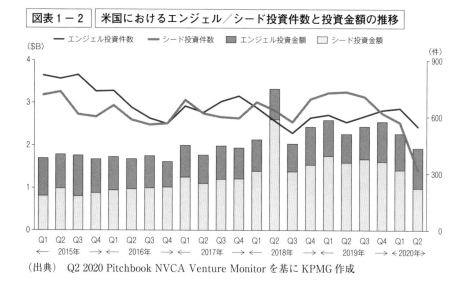

図表 1 − 2 ｜ 米国におけるエンジェル／シード投資件数と投資金額の推移

（出典）　Q2 2020 Pitchbook NVCA Venture Monitor を基に KPMG 作成

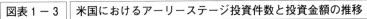

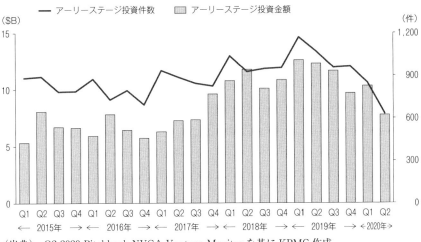

図表1−3 米国におけるアーリーステージ投資件数と投資金額の推移

―― アーリーステージ投資件数 　□ アーリーステージ投資金額

（出典）　Q2 2020 Pitchbook NVCA Venture Monitor を基に KPMG 作成

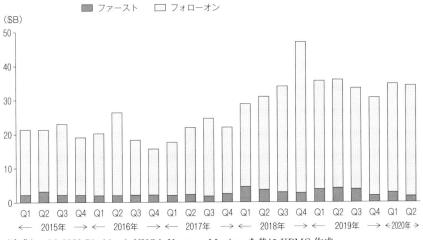

図表1−4 米国 VC のファースト／フォローオン投資別の投資件数推移

■ ファースト　□ フォローオン

（出典）　Q2 2020 Pitchbook NVCA Venture Monitor を基に KPMG 作成

コロナ禍の影響を受けていないのが，レイターステージであり，件数・金額ともに2019年の上期実績を上回っている。要因は複数あるであろうが，1つには，コロナ禍でプラスの影響を受けたスタートアップの資金調達ニーズが高まったことが挙げられる。米国市場におけるレイターステージのスタートアップに対する投資金額を業界別に示したものが**図表1－5**である。単純な比較はできないが，2020年上期におけるヘルスケアおよびIT領域のスタートアップに対する投資額は，2019年を大きく上回るペースであり，単純に年換算すると2020年のこれらの領域に対する投資額は対前年比130％超の規模である。1件当たりの投資金額規模別に見ても，2020年Q2は＄5M以上の投資件数比率が高まっており，＄50M以上で見ると直近5年間で最大規模に近い水準にある。

図表1－5	米国におけるレイターステージのスタートアップに対する投資額の業界別分布

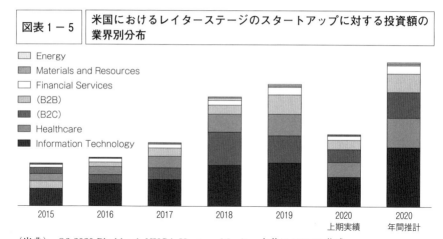

（出典）　Q2 2020 Pitchbook NVCA Venture Monitor を基に KPMG 作成

| 図表 1 － 6 | 米国におけるレイターステージに対する投資件数と投資金額の推移 |

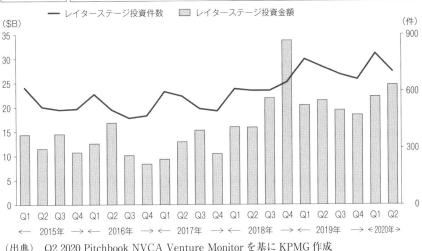

（出典）　Q2 2020 Pitchbook NVCA Venture Monitor を基に KPMG 作成

| 図表 1 － 7 | 米国における VC の 1 件当たり投資金額別の投資件数の推移 |

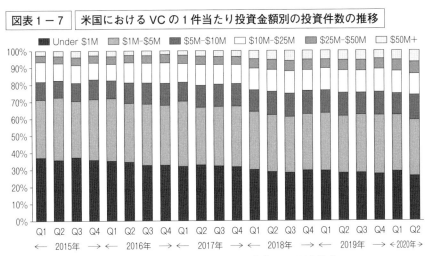

（出典）　Q2 2020 Pitchbook NVCA Venture Monitor を基に KPMG 作成

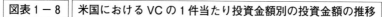

| 図表1－8 | 米国におけるVCの1件当たり投資金額別の投資金額の推移 |

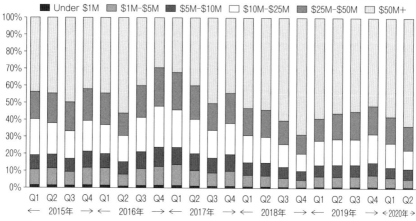

■ Under $1M ■ $1M-$5M ■ $5M-$10M □ $10M-$25M ■ $25M-$50M ▨ $50M+

（出典） Q2 2020 Pitchbook NVCA Venture Monitor を基に KPMG 作成

［3］ CVCは大型投資により前期を上回る水準

　次に，CVCの動向についても見てみたい。2020年Q2における米国のCVC投資は，件数ベースでは対Q1比で減少しているにもかかわらず，金額ベースでは増加している。加えて，レイターステージ向けVC投資のトレンドと同様に，2019年の上期投資金額実績をも上回っている。

　1件当たり投資金額別の推移を見ても明らかなとおり，CVCの投資単価の上昇基調はコロナ禍においても変わっておらず，1件当たり＄10M以上の投資が過半数を占めている。投資金額ベースで見ると，1件当たり＄50M以上の投資がおよそ8割である。

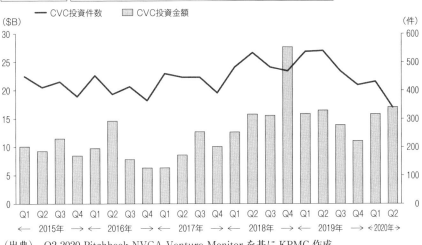

図表1－9 米国における CVC 投資件数と投資金額総額の推移

（出典）　Q2 2020 Pitchbook NVCA Venture Monitor を基に KPMG 作成

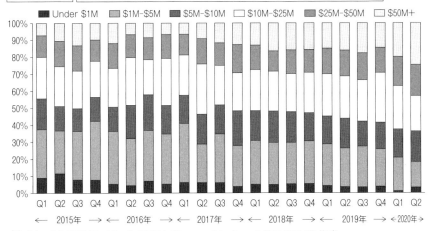

図表1－10 米国における CVC の 1 件当たり投資規模別投資件数の推移

（出典）　Q2 2020 Pitchbook NVCA Venture Monitor を基に KPMG 作成

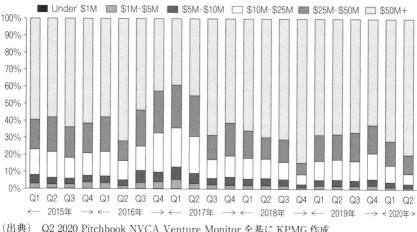

（出典） Q2 2020 Pitchbook NVCA Venture Monitor を基に KPMG 作成

　コロナ禍で CVC の投資先業界トレンドに大きな変動があったのか否かを見てみよう。需要が活性化した Pharma & Biotech に対する2020年 Q2の投資件数の割合が例年に比して高まっている点を除き，投資先業界に根本的な差異は見受けられない。これは，CVC 投資の目的を戦略リターンと考える企業が多い点も 1 つの要因であると考える。財務リターンを目的とした投資であれば，ポートフォリオの流動性が高く，コロナ禍でポジティブインパクトを受けた業界を中心とした投資ポートフォリオへと切り替えることができる。

　CVC の場合には，自社のスタートアップ事業に係るエコシステムへ組み込んだり，技術ロードマップを共有したうえで共同開発等を進めたりしている場合が多いことから，ポートフォリオの流動性は低い。そうした特徴も，COVID-19の影響が出始めた Q 2 で即時に投資先業界に大きな変動が生まれなかった要因になっているものと考えられる。

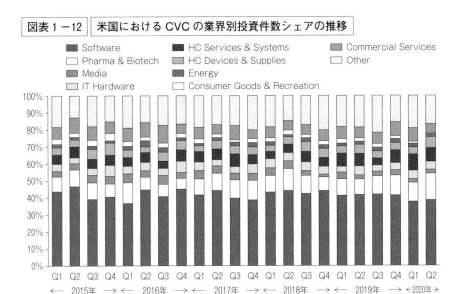

図表 1 −12 | **米国における CVC の業界別投資件数シェアの推移**

凡例:
- Software
- Pharma & Biotech
- Media
- IT Hardware
- HC Services & Systems
- HC Devices & Supplies
- Energy
- Consumer Goods & Recreation
- Commercial Services
- Other

（出典）　Q2 2020 Pitchbook NVCA Venture Monitor を基に KPMG 作成

［4］　日米における業界別投資領域トレンド

　今後，CVC の投資先をめぐる環境変化には注視が必要であるが，直近 5 年間で大きな変動のない CVC 投資領域について，投資主体の業界軸で整理した。**図表 1 −13，1 −14**は米国の，**図表 1 −15，1 −16**は日本国内の事例である。

　2015年から2019年の 5 年間のデータを対象に，縦軸は CVC の親会社が属する業界，横軸が CVC の投資先領域，CVC の親会社が属する業界の投資件数合計に占める各投資領域への投資件数の割合をバブルのサイズで示している[1]。例えば，親会社が IT and Media 業界に属する CVC の投資件数は合計2,035件であり，そのうち58％（1,180件）が Software 領域を対象に投資されている。親会社が Healthcare 業界に属する CVC の投資件数は合計657件であり，そのうち89％（584件）が Healthcare 領域を対象に投資されており，投資件数は

1　バブルの大きさは，あくまで親会社の業界内での相対感であり，業界をまたいだ比較はできない。

IT and Media が多いにもかかわらず，バブルサイズは Healthcare の方が大きい。

まず，**図表１−13**および**図表１−15**で日米の比較という観点ではマトリックスに大きな差異は見受けられず，Healthcare 業界を除いて最大の投資対象領域が Software という傾向は共通している（投資件数が極めて少ないため日本の Energy 業界は参考）。さらに，Software の投資領域を細分化したものが**図表１−14**および**図表１−16**である。

Software 領域への投資の中心は Business Productivity Software であり，この領域には，AI や Machine Learning 領域を事業対象とするスタートアップが含まれる。

AI 関連スタートアップを対象とした投資は近年急増しており，2018年以降，年間当たり＄30Ｂ以上が続いている。2020年度もこの傾向が続く可能性が高い。投資金額が増加している特徴として，投資件数の増加だけでなく，１件当たりの投資金額も高騰が続いている点が挙げられる。With COVID-19においても，

図表１−13　米国における CVC の業種別投資領域

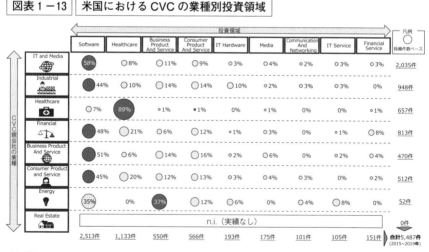

（出典）　Pitchbook データを基に KPMG 作成

図表1−14 米国におけるCVCの業種別投資領域（ソフトウェア投資領域詳細）

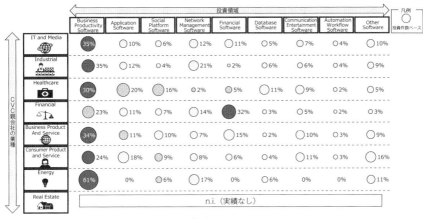

CVC親会社の業種 / 投資領域	Business Productivity Software	Application Software	Social Platform Software	Network Management Software	Financial Software	Database Software	Communication Entertainment Software	Automation Workflow Software	Other Software
IT and Media	35%	10%	6%	12%	11%	5%	7%	4%	10%
Industrial	35%	12%	4%	21%	2%	6%	6%	4%	9%
Healthcare	30%	20%	16%	2%	5%	11%	9%	2%	5%
Financial	23%	11%	7%	14%	32%	3%	5%	2%	3%
Business Product And Service	34%	11%	10%	7%	15%	2%	10%	3%	9%
Consumer Product and Service	24%	18%	9%	8%	6%	4%	11%	3%	16%
Energy	61%	0%	6%	17%	0%	6%	0%	0%	11%
Real Estate	n.i.（実績なし）								

凡例：投資件数ベース

（出典） Pitchbook データを基に KPMG 作成

図表1−15 日本におけるCVCの業種別投資領域

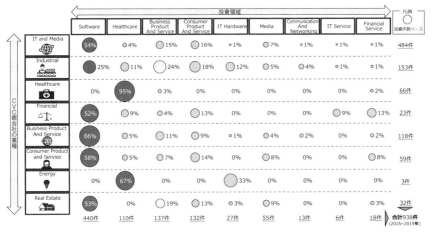

CVC親会社の業種 / 投資領域	Software	Healthcare	Business Product And Service	Consumer Product And Service	IT Hardware	Media	Communication And Networking	IT Service	Financial Service	投資件数
IT and Media	54%	4%	15%	16%	1%	7%	1%	1%	1%	484件
Industrial	25%	11%	24%	18%	12%	5%	4%	1%	1%	153件
Healthcare	0%	95%	3%	0%	0%	0%	0%	0%	2%	66件
Financial	52%	9%	4%	13%	0%	0%	0%	9%	13%	23件
Business Product And Service	66%	5%	11%	9%	1%	4%	2%	0%	2%	118件
Consumer Product and Service	58%	5%	7%	14%	0%	8%	0%	0%	8%	59件
Energy	0%	67%	0%	0%	33%	0%	0%	0%	0%	3件
Real Estate	53%	0%	19%	13%	3%	9%	0%	0%	3%	32件
合計	440件	110件	137件	132件	27件	55件	13件	6件	18件	合計938件（2015~2019年）

凡例：投資件数ベース

（出典） Pitchbook データを基に KPMG 作成

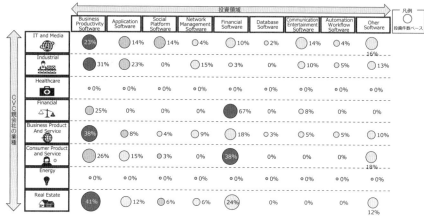

CVC親会社の業種 / 投資領域	Business Productivity Software	Application Software	Social Platform Software	Network Management Software	Financial Software	Database Software	Communication Entertainment Software	Automation Workflow Software	Oher Software
IT and Media	23%	14%	14%	4%	10%	2%	14%	4%	16%
Industrial	31%	23%	0%	15%	3%	0%	10%	5%	13%
Healthcare	0%	0%	0%	0%	0%	0%	0%	0%	0%
Financial	25%	0%	0%	0%	67%	0%	8%	0%	0%
Business Product And Service	38%	8%	4%	9%	18%	3%	5%	5%	10%
Consumer Product and Service	26%	15%	3%	0%	38%	0%	0%		18%
Energy	0%	0%	0%	0%	0%	0%	0%	0%	0%
Real Estate	41%	12%	6%	6%	24%	0%	0%	0%	12%

凡例　○ 投資件数ベース

（出典）　Pitchbook データを基に KPMG 作成

図表 1 － 17　AI 領域に対する投資件数／投資金額／1 件当たり投資金額の推移

―― 投資件数　　▨ 投資金額

	2015	2016	2017	2018	2019	2020 YTD
	$6.0M	$8.6M	$5.4M	$12.3M	$12.3M	$11.4M

（出典）　Pitchbook データを基に KPMG 作成

労働環境の変化による業務の機械化・自動化や，センサー情報の収集・解析など，AI の活用機会の拡大が予見され，今後も投資件数・金額の上昇基調は継続が見込まれる。

［5］ R&D の外部化手段としての CVC 活用

図表1-18が示すのは，日米の R&D 費用の推移，CVC 出資金額と，R&D 費用に対する CVC 出資金額比率の推移である。2018年における米国の R&D 費用に対する CVC 出資金額が20.8％であるのに対して，日本は2.3％にとどまっている。日本の CVC が，米国から数年遅れで進展していることを勘案すると，今後米国の水準に近づいていくことが想定され，COVID-19がこれをいっそう後押しすることも考えられる。

With COVID-19の世界では，「非接触」や「リモート」への対応が企業レベルにとどまらず国家レベルでも求められるなど，段階的発展を経ずにいきなり ICT を使った先端テクノロジーでイノベーションを起こし，ダイナミックかつ非連続な市場発展に繋がることが想定される。例えば，ドローン開発・ドローン物流オペレーションを展開するスタートアップが，2019年からガーナ国内の自動車や飛行機によるロジスティクスネットワークが整備されていない地域で，医療機関が必要とする医薬品や血液などを配送拠点から医療機関へ運搬するドローン物流サービスを開始した。COVID-19のパンデミックを契機として，人と人の接触回避への要請が高まり，特に感染リスクの高い医療機関への人の出入りを避けるために，人間が介在しないこの配送システムへのニーズは飛躍的に高まった。加えて，住民が病院に行かずに必要なものを入手できるよう，地方の医療施設から配送センターには COVID-19の検査サンプルや，未使用の検査キットや手袋，マスクなどの防護用品が輸送されるなど，積み荷の種類も急激に拡大している。こうした新技術のリープフロッグ現象（詳細については第2章を参照されたい）は，With COVID-19の世界においては随所に見られるようになる可能性がある。

今後想定される非連続な変化に迅速に対応することを目的としたとき，企業

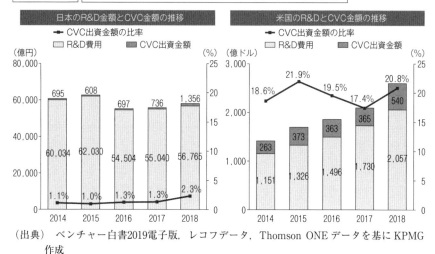

図表 1 −18	日米の R&D 費用に占める CVC 出資金額比率の推移

（出典）　ベンチャー白書2019電子版，レコフデータ，Thomson ONE データを基に KPMG
作成

が全ての技術開発を内製化するという判断は想像しがたい。今後は，日本企業
が R&D の外部化として CVC を活用する余地は高まっていくのではないだろ
うか。

1-2　オープンイノベーションハブの台頭

［１］　オープンイノベーションハブの定義と類型

オープンイノベーションハブとは？

　オープンイノベーションハブ（Open Innovation Hub）やオープンイノベー
ションセンター（Open Innovation Center），あるいは単にイノベーションハ
ブ（Innovation Hub）という言葉を耳にする機会が急速に増えている。オー
プンイノベーションハブの代名詞とも言えるオーストリア発祥の Impact Hub

は，2005年の創業以来，世界50か国に展開し，100都市以上に拠点を構えている。本節では，オープンイノベーションハブ（以下，「OIH」）を類型化し，それぞれの構造や目的，スタートアップエコシステムの中でどのように役割を果たしているのかについて解説する。

OIH が意味するところは，「企業のオープンイノベーションを促進させ，新たな製品や技術，さらには全く新しいビジネスの創造が起きる拠点（ハブ）」という認識に留まっている。では，OIH とはどのような機能を有する拠点であろうか。そもそも，OIH の統一的な定義は学術的にはまだ定まっていない。その理由としては，OIH には様々な形態が存在し，OIH ごとに提供する価値や機能も異なるためである。ただし，OIH に共通する原則やコンセプトは存在している。まず，OIH は，テクノロジーやイノベーションに関心があり，同じ志向を持つ個人・団体が集まる「空間」である。加えて，OIH は主催者である企業や大学，公的機関などがイノベーションを促進するための仕掛け，すなわちコミュニティを提供する。つまり，OIH は，新しい技術や新しい製品開発を進めたい人のために，物理的な「空間」の提供と，集まった人に対して，競争ではなく，共創を促すオープンな「空気」を提供する場であると定義することができる。

OIH は大学・研究機関のラボや，企業における新規事業ワークショップと比較されがちであるが，OIH の特筆すべき点は，ネットワーキングや新しいコミュニティの育成に注力する点にある。つまり，OIH は，異なる立場，異なる思考や経験を持つ人材を1つの場所に集約させることで，1＋1を3にも4にもすることが可能であるという思想に基づいて運営されているのである。

■ オープンイノベーションハブの類型

OIH は，中心となる人とその目的によって，提供される機能や参画プレイヤーなどの様相が大きく異なる。OIH を類型化すると，**図表1－19**のように整理することができる。

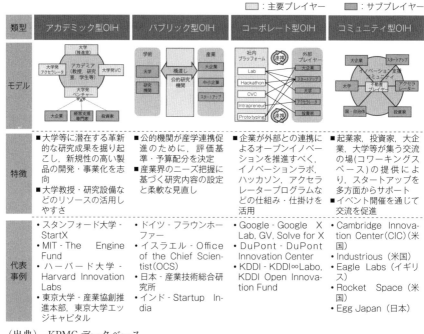

（出典）　KPMG データベース

【アカデミック型 OIH】

アカデミック型 OIH は，主に大学を中心としたエコシステムを指し，大学のイノベーション推進室の他，大学発のアクセラレーター，大学発のファンドやベンチャーがハブ[2]としての役割を果たしている。大学教授，研究室，さらには学生を中心として，スタートアップや大企業，投資家など，異分野のスペシャリストが集い，ネットワークの構築と情報交換により，オープンイノベーションを志向するモデルである。

アカデミック型 OIH には，ハブとしての主な機能が2つある。1つは，大学の研究室に潜在する革新的な研究成果・技術シーズを活用可能なリソースと

2　ハブ（Hub）は，元来，車輪の中心部を意味し，周辺の構成部品を支える重要な部位である。ビジネスにおいては，ヒト・モノ・カネ・情報が集まる拠点を表す。

することにより，新たな事業創出がしやすいという無形機能である。アカデミック型 OIH に参加する大企業や起業家などは，先端的なテーマに取り組む研究室との関係性を築くことで，研究成果が論文発表といった形で世に出る前から研究開発情報にアクセスし，他社に先んじて製品開発に取り組むことができるというメリットがある。もう１つは，大学のラボにある実験設備や機器などのハードを活用することができるという機能である。研究成果の実用化を目指すアカデミア研究者やスタートアップにとって，実験のための高度解析機器や，プロトタイピング用の３Ｄプリンター，カッティングマシン，５軸ロボット加工機などを自由に使用できる環境が整備されている点は，極めて魅力的である。デザイン思考により生み出されたアイデアをその場で形にすることで，OIH 参加者からのタイムリーなフィードバックが得られ，開発のスピードを各段に上げることが可能となる。

【パブリック型 OIH】

　パブリック型 OIH は，公的研究機関が中心となり，独創性の高い基礎研究を進める大学・研究機関と，研究開発成果を事業化する担い手としての企業を結び付けるモデルを指す。つまり，アカデミアと産業界のギャップを埋める橋渡し機関として，国主導で革新的なアイデアを製品やサービスに具現化することを目的としたハブである。

　パブリック型 OIH の最大の特徴は，国が技術面で主導権を確保できる分野や商業的な可能性のある分野を選別し，長期的な視点で資金拠出を行っている点である。典型的な例として，ドイツにおける Industrie4.0イニシアチブの下，製造業のデジタル化を目指す取組みが挙げられる。企業側の業績が悪化した場合，産業界は基礎研究に大規模な資金を投入しづらいが，公的研究機関を通じた外部資金の獲得により，長期的な研究基盤を整備しやすくなる。

　また，パブリック型 OIH は，スタートアップや中小企業が単独では入手が難しい最先端の研究データや，最新鋭の機器・設備にアクセスしやすいよう，ニーズに合わせてマッチングを行う他，各種資金調達方法の紹介，大企業との

オープンイノベーションの機会なども提供している。

　パブリック型 OIH の好事例として知られるのが，ドイツのフラウンホーファーである。フラウンホーファーは，大学などの優れた基礎科学の研究結果を活用しつつ，デマンド・ドリブンな応用研究・開発を行い，新製品につながる研究開発サービスを産業界に提供している。応用研究は，企業に活用されてこそ意味があるという考え方の下，産学の「橋渡し機能」をミッションとして設定している。また，組織内に強力なマーケティング機能を有しており，技術動向や産業界ニーズを的確に把握して，研究内容の設定と見直しが実施可能な体制をとっている。このように，ドイツでパブリック型 OIH が進展してきたのは，大学と企業，投資家などの地理的な近接性が，イノベーション促進の重要な要素の１つであり，ヒト・モノ・カネ・技術・知識等のリソース集積はネットワーク形成へとつながり，新たなビジネスのアイデアや新たな産業を創出する基盤となる点が認識されていることが背景にある。

【コーポレート型 OIH】

　コーポレート型 OIH とは，大企業が自社のオープンイノベーションを推進すべく，外部プレイヤーと共創するために社内に設けたプラットフォームを指す。コーポレート型 OIH では，イノベーションラボ，アクセラレータープログラム，ハッカソン／アイデアソン，イントレプレナー制度などの様々な仕組みの活用を通じて，大企業とスタートアップや投資家，大学・研究機関など異業種の連携が図られる。

　イノベーションラボの場合，既存事業に限らず，新たなサービス，製品，ビジネスモデルの可能性を実験する場として位置づけられる。形態としては，物理的に実験室を設け，そこに専属スタッフを配置する場合と，全社員に対して，例えば業務時間30％をラボの活動に費やすことを認めるなど，制度として設ける場合とがある。企業内でラボを完結させるインハウス型のイノベーションラボも存在するが，コーポレート型 OIH では，外部の団体や企業と提携するコラボ型のイノベーションラボが一般的である。

大企業がコーポレート型 OIH を設立する最大のメリットは，専用部署を構えて，長期的な視点で新しいアイデアを試すことができる点にある。新しいアイデアを軌道に乗せるまでには時間を要し，失敗もつきものであるが，往々にして通常の業務内ではなかなか許容されないものである。コーポレート型 OIH によって，トライ＆エラーのプロセスをポジティブに受け入れる環境を社員に提供することができる。それにより，新たなアイデアを実践し，失敗を恐れずチャレンジしてみるデザイン思考型・アジャイル型のカルチャーも育まれるであろう。

【コミュニティ型 OIH】

　最後になるが，OIH の中でも，近年特に注目されているのが，コミュニティ型 OIH である。コミュニティ型 OIH は，主に不動産を有するプレイヤーが，企業家やスタートアップに向けてオフィススペースを提供しつつ，投資家や大企業，大学などエコシステムに欠かせないプレイヤーを集積させ，イノベーションコミュニティそのものを積極的に育成・支援するハブである。

　コミュニティ型 OIH の最適な事例として，米国発の CIC（Cambridge Innovation Center）がある。CIC は，マサチューセッツ州ケンブリッジに本拠地を置くスタートアップコミュニティを運営する組織で，世界9都市[3]に拠点を持つ。これまで CIC には，6,500社以上のスタートアップが入居した実績があり，有名な企業としては，Google に買収された Android，Yahoo に買収された動画プラットフォームの Maven Networks などがある。CIC の最大の特徴としては，スタートアップのみならず，大企業，VC，エンジェル投資家，アクセラレーターなどのスタートアップ支援組織，大学，法律事務所や会計事務所などの専門機関も集積している点が挙げられる。

　CIC 創設者である Tim Rowe 氏は，「違う階にいるだけで他組織との連携機

3　米国6都市（ケンブリッジ，ボストン，マイアミ，フィラデルフィア，プロビデンス，セントルイス），オランダのロッテルダム，ポーランドのワルシャワ，日本の東京に拠点を持つ（2020年11月現在）。

会が10%から0.3%にまで低下した」，という研究結果を基に，スタートアップだけでなく，多様な組織が一堂に「集積する」ことがイノベーションを創出するエコシステムに必要不可欠な要素と考え，CICの果たす役割は，これらの組織間の循環機能を活性化させるインフラづくりであると位置づけた。そのため，入居する組織が出会う場や連携する機会を増やすため，人々が多く行き交うキッチンスペースの設計にこだわるなど，年間を通して毎日のようにイベントを開催している。

［2］ コミュニティ型OIHの成功要件

　近年，WeWorkをはじめとして，世界規模でのコワーキングスペースの急増により，コミュニティ型OIHの競争も激化している。スタートアップなどの入居企業に対して単に執務スペースを提供するだけでは，もはや多くのスタートアップの入居は見込むことはできず，エコシステムは育たない。コミュニティ型OIHを成功させるには，**図表1－20**に示すとおり，3つの提供機能を十分に果たすことが求められる。

　まず重要なことが，入居企業を中心として，各プレイヤーによる，活発な交流を促す「コミュニティ」の提供である。前述したCICでは，コミュニティ

図表1－20 OIH の類型

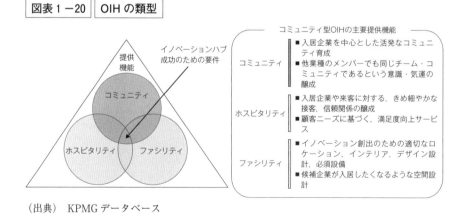

（出典） KPMG データベース

醸成のために，ネットワーキングを促す仕掛けを数多く用意している。具体的な事例として，CICの姉妹組織であるVenture Café内にて，毎週ネットワーキング用のミートアップイベントを開催している点が挙げられる。ミートアップイベントでは，毎回異なるテーマに基づき，大企業，スタートアップ，大学によるパネルディスカッションやピッチイベント，セミナーなどが開催される。こうしたイベントは公開されており，地域イノベーターなどが参加して，入居企業と交流することができる。また，スタートアップの成長を目的にVenture Caféはオフィスアワーを用意しており，入居企業は無料でイノベーションの専門家たちから，経営コンサルティングを受けることができる。

　質の高い「ホスピタリティ」の提供もコミュニティ型OIHの重要な成功要件である。入居企業や来客に対するきめ細やかな接客，サービスの提供により，コミュニティ型OIHとスタートアップの間に長期的な信頼関係が醸成されやすい。例えば，高級志向のコミュニティ型OIHの代表格である米国Industriousは，高級ホテルでの経験を持つ人材をホスピタリティ部門長として迎え，従業員研修に高級ホテルの研修メソッドを取り入れ，従業員に接客やマナーを徹底させている。また，Industriousの各施設には，入居企業の追加人材として振る舞えるコミュニティマネージャーが常駐している。一般的なコワーキングスペースのコミュニティマネージャーと言えば，オフィス用具や簡単な食べ物・飲み物などアメニティの補充やオフィスオペレーションなどを安定的に行う程度であるが，Industriousのコミュニティマネージャーは，CRMの発想に基づき，すべての入居企業が個別にプロフェッショナルなサービスを受けられるように徹底した管理を行っている。入居企業の新入社員用のデスクを準備するだけでなく，誕生日のお祝いや，社内パーティのサポートを行うこともある。

　コミュニティ型OIHの最後の成功要件は，「ファシリティ」である。コミュニティ型OIHの提供価値の根幹は，無論，空間であるが，スタートアップや起業家が入居したくなる，生産的で居続けられる空間設計でなければならない。多くの一般的なコワーキングスペースは，派手で楽しげなスペースを作りがち

で，それこそがテナントが求めているものだ，と思い込む傾向がある。実際は，入居企業の多様なニーズに応える必要があり，仕事に集中できる作業スペースと気持ちを落ち着かせることのできるリラックススペースの双方が求められる。また，入居企業同士が気軽に集まりやすいカジュアルな共用スペースや，来客用に適したミーティングルームを確保することも重要である。

　空間設計に加え，入居企業の目線に立った充実した設備といったハードも重要な要件である。提供スペースが24時間365日営業していることはもちろんのこと，多くのコミュニティ型OIHは，キッチン（飲料・スナック付き），会議室・イベントスペース，マッサージルーム，シャワールーム，授乳室などを基本機能として具備している。英国大手金融グループBarclaysによるコミュニティ型OIHであるEagle Labは，メイカースペースと呼ばれる空間に３Ｄプリンターやレーザー加工機などのハイテク機器を用意しており，スタートアップによるプロトタイピングや短期間生産を可能としている。このように，コミュニティ型OIHにおいては，顧客獲得のために各社による差別化戦略が際立ちつつある。

［3］　With COVID-19時代におけるOIHのあり方

OIHのCOVID-19対応

　COVID-19が世界中で流行したことで様々なオープンイノベーションイベントが中止となり，人の移動も制限されるようになった現在，イノベーションの拠点であるはずのOIHも苦境に立たされていることは想像に難くない。そもそも「密」を作り出すことで活性化を促すのがOIHの仕掛けである。With COVID-19時代で「密を避ける」ことが前提となった今，いかにこれまでと同様の効果を生み出していくかを，OIH側も検討せざるを得なくなっている。

　例えば，米国のCICはCOVID-19の感染拡大後，オフィススペースの衛生状態と安全性の向上のために，足で扉を開けられるように改造し，アルコール消毒液や体温計などが置いてある「ウェルネス・ステーション」を施設内の各

所にいち早く設置した。また，人が多く交流する共有スペースにおいては，マスクの着用を義務づけ，会議室では他人と 2 m の距離を取るように指示している。キッチンで提供されているスナック類は，個別包装のもののみに限定され，食事は専用の部屋でとることを推奨している。これまでリアルで実施されてきたミートアップイベントも，誰でもスムーズなオンライン環境下で参加できるように独自のシステムを開発するなど，対策を講じている。また，打倒コロナに向けて，まさに今，研究開発を進めている CIC に入居している有望なヘルステック関連の入居企業には，ホームページ上で宣伝するとともに，一部には資金面など特別支援を行っているようである。

■ 危機の時代における OIH の有効性

コロナ禍に伴い，「密」を前提としたリアルなコミュニケーションは難しくなってきている。一方で，企業同士が協働し始め，目先の収益より，価値の創造を優先する動きも生じている。例えば Siemens は，2020年 3 月末にCOVID-19による世界的な医療機器不足に対応するため，コーポレート型 OIHである，同社のオンラインコラボレーションプラットフォームの AdditiveManufacturing Network（積層造形ネットワーク），および当該プラットフォームで利用可能な 3 D プリンターをいち早く無償で公開した。また，Ford も同時期に，GE ヘルスケア，3 M，全米自動車労組と協力して，自社のピックアップトラック「F 150」のシートファン，バッテリーパック，そして 3 D プリンター製の部品を活用し，こちらもコーポレート型 OIH をベースに患者向けの人工呼吸器の生産を開始している。

欧米におけるこうした動きは，危機の時代において，大学や公的機関ではなく，強力なリーダーシップを発揮することができたコーポレート型 OIH こそ，機動力を持ってオープンイノベーションを推進することが可能であることを示唆している。危機の際に，社会課題を解決するために，異業種のパートナーと手を携えて OIH を活用して共創した企業は，組織的柔軟性という稀有なケイパビリティを獲得したのではないだろうか。このケイパビリティこそが，イノ

ベーション創出の触媒となり，企業が長期的に社会課題を解決しつつ，経済価値をサステイナブルに生み出す源泉となり得る。欧米ですでに実践されているコーポレート型 OIH を中心としたオープンイノベーションの流れが，日本企業においても加速することを期待したい。

第 2 章

技術経営とスタートアップ投資

技術の発展パターン

［1］ 技術が社会に定着するメカニズム

技術が社会に定着するとはどういうことか？

　スタートアップ企業の価値の源泉は，極論すると経営チームの能力と技術の2つである。CVC は，この2つのリソースに投資するわけだが，これは技術を経済価値としてマネジメントする技術経営に他ならない。

　技術が経済価値を生むためには，それが社会に定着していることが必要である。**図表2－1**は，技術経営の概念としてよく引用される Geels が2002年に発表した Technological transitions[1]という理論である。意訳すれば，「社会階層における技術軌道」となるだろうか。技術は直ちに社会実装されるわけではなく，「様々な社会階層と相互作用の中で発展しながら定着する」ことを表した理論である。

　もう少し具体的に解説すると，左下に位置づけられている Technological niches が技術の萌芽であり，CVC でいえば，個々のスタートアップ（要素技術）がこれに該当する。個々の要素技術は相互建設的な学習プロセスを経て，時間の経過とともに支配的なデザインを有する技術軌道へと統合され，安定化する。CVC でいえば，個々のスタートアップがしのぎを削りながら，サバイブしたユニコーン[2]がデファクトスタンダードを確立する，といった感じだろう。そして，産業，市場・ユーザ選好，科学・文化・政策・技術といった要因で構成される社会技術階層が技術軌道を受け入れようとする過程で，支配的デ

1　Technological transitions as evolutionary reconfiguration processes: A multi-level perspective and a case-study（Frank W. Geels 2002）
2　評価額が10億米ドル以上で創業10年以内の未公開スタートアップ企業。なお，評価額が100億米ドル以上はデカコーン，1,000億米ドル以上はヘクトコーンと呼ばれる。

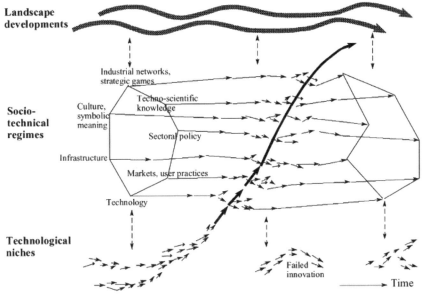

（出典） Technological transitions as evolutionary reconfiguration processes: A multi-level perspective and a case-study（Frank W. Geels 2002）

ザインを有する技術軌道にブレークスルーが起こり，社会技術階層が変化する。

　これはスマートフォン（スマホ）の登場を思い出すと理解しやすい。スマホは2010年頃から本格的な普及が始まったが，そこで起こった産業的な変化としては，例えばメールコミュニケーションが挙げられる。PC とスマホが併用されるようになったことで，よりリアルタイム性の高いコミュニケーションとなったのである。文化的な変化としては，スマホでゲームをすることが可能となったことで通学・通勤中といった移動時間にゲームをするという行動変容が起きたことが挙げられる。政策面でも歩きスマホが社会問題となり，こうした行為を制限・禁止する条例の制定が進んだ。こうした社会技術階層の変化は，まさしくスマホという技術軌道のブレークスルーによって引き起こされたものである。

そして，技術軌道はランドスケープという社会景観として定着する。ここでいうランドスケープとは，社会技術の発展に影響するグローバリゼーション，環境問題といった外的環境を意味する。

　現在，スマホは我々の社会に欠かすことができない技術（製品），すなわち，社会インフラとして定着している。このスマホのように，当初は数多あった技術の萌芽を技術軌道として統合し，社会に定着させる試みが，現代に求められる技術経営である。CVC は，数多存在するスタートアップを技術ポートフォリオとしてマネジメントする仕組みであるが，技術経営は，CVC を実践するための土台・基盤であるといえる。

［2］　技術の社会実装プロセス

■ 技術を社会に実装するには？

　技術を社会に実装するという能動的なプロセスは，具体的にはどのようなものだろうか。技術を社会実装するためには，当該技術の源泉となる科学にまで遡る必要がある。技術の社会実装プロセスを示した**図表2－2**を見ると，技術は中段あたりに登場しているのが見て取れる。実は，技術は科学の後工程の要素なのである。

　そもそも技術とは何か，を定義すると「自然現象に基づく工学知識を実用する手順」となる。よって，技術の社会実装プロセスは，技術の前提となる自然現象を理解・解明することから始まる。まず，「観察」が行われ，自然界の現象や法則，ならびに基本原理について，客観的立場から捕捉する。観察は，純粋科学の研究に位置し，その成果は“科学知”として応用科学の体系に組み込まれる。次の「体系化」プロセスでは，工学理論として活用できるように科学知を再整理する。ここでようやく登場した技術の原型は，“技術原理”として工学の体系に組み込まれる。そして，続く「応用」プロセスでは，技術原理を応用することで，工学において分野横断的な基礎となる学術・技術を創出する。このプロセスにおける成果は，製品を構成することとなる“要素技術”そのも

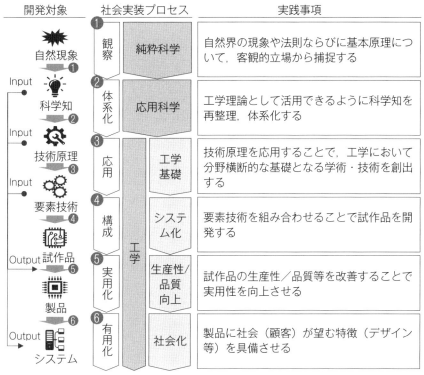

図表 2 － 2　技術の社会実装プロセス

開発対象	社会実装プロセス		実践事項
自然現象 ❶	❶ 観察	純粋科学	自然界の現象や法則ならびに基本原理について，客観的立場から捕捉する
Input 科学知 ❷	❷ 体系化	応用科学	工学理論として活用できるように科学知を再整理，体系化する
Input 技術原理 ❸	❸ 応用	工学基礎	技術原理を応用することで，工学において分野横断的な基礎となる学術・技術を創出する
Input 要素技術 ❹	❹ 構成	システム化	要素技術を組み合わせることで試作品を開発する
Output 試作品 ❺	❺ 実用化	生産性/品質向上	試作品の生産性／品質等を改善することで実用性を向上させる
製品 ❻	❻ 有用化	社会化	製品に社会（顧客）が望む特徴（デザイン等）を具備させる
Output システム			

（出典）　KPMG データベース

のである。次に「構成」で，要素技術を組み合わせ，"試作品"を開発するプロセスを経て，「実用化」となる。このプロセスでは，試作品の生産性／品質等を改善することで実用性を向上させ，"製品"という成果を創出する。最後に「有用化」プロセスで，製品に社会（顧客）が望む特徴（デザイン等）を具備させるが，これは「社会化」つまり技術の社会への実装であり，製品が"システム"として統合される状態である。つまり，技術の社会実装とは，「自然現象を観察し，体系化・応用することで創出した技術を元に製品を開発し，システム化すること」とまとめることができる。

　具体的なイメージの理解のために，発光ダイオード技術の社会実装プロセス

図表2−3	発光ダイオード技術の社会実装プロセス事例

開発対象	社会実装プロセス		事例（発光ダイオード）
自然現象 ❶ Input	❶ 観察	純粋科学	• 熱源や蛍光体に電子が衝突したときに光が発生
科学知 ❷ Input	❷ 体系化	応用科学	• 電子と正孔の衝突によって結合が生じてエネルギーは小さくなり，余分なエネルギーは光エネルギーに変換されて発光
技術原理 ❸ Input	❸ 応用	工学基礎	• 正孔が多いP型半導体と電子が多いN型半導体で接合されたpn接合に電圧をかけることで発光 • 素材のバンドギャップによって光の波長（色）が変化
要素技術 ❹	❹ 構成	システム化	• pn接合で構成したLEDチップの開発 • 発光色の組み合わせによって様々な色を実現
Output 試作品 ❺	❺ 実用化	生産性/品質向上	• 大量生産が可能になったことで製造コストが下がり，2000年代以降は信号機での利用が拡大 • 太陽の反射光であたかも点灯しているかのような錯覚を感じさせる疑似点灯現象の防止
製品 ❻ Output システム	❻ 有用化	社会化	• 着雪対策として，点灯面が凹凸の無い平面で下向きに傾けてある「フラット型」や，点灯面にアクリル樹脂製フードをかぶせた「フード型」などの着雪防止型LED信号システムの開発

（出典）　KPMG データベース

の事例を**図表2−3**に記載しておくので，ご参照いただきたい。

［3］　技術Sカーブ

現行技術と新興技術の発展メカニズム

　社会実装された技術は持続的に定着するのだろうか。製品面ではプロダクトライフサイクルという理論があるように，技術においても類似した理論がある。それが技術Sカーブ[3]である。

　図表2−4は，技術Sカーブを携帯端末機器のケースで示したものである。

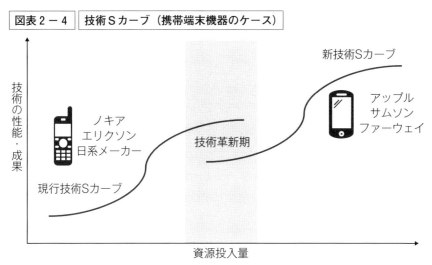

| 図表2－4 | 技術Sカーブ（携帯端末機器のケース） |

縦軸：技術の性能・成果

新技術Sカーブ

ノキア
エリクソン
日系メーカー

技術革新期

アップル
サムソン
ファーウェイ

現行技術Sカーブ

資源投入量

（出典）　Innovation: The Attacker's Advantages, Summit Books. Foster, Richard（1986）
　　　を基に KPMG 作成

縦軸は技術の性能・成果であり，横軸は技術の性能・成果を規定する資源投入
量を指す。

　現行技術Sカーブに注目すると，資源投入量が増加すればするほど，比例的
に技術の性能・成果が向上しているわけではないことが見て取れる。技術の性
能・成果は，資源投入量がある閾値を超えた段階で急速に向上するが，その後
は鈍化傾向となっている。技術開発が開始された段階では，試行錯誤が続くた
めなかなか性能が向上しないが，試行錯誤の末に様々な技術知見が蓄積される
と，技術進化は加速する。フィーチャーフォンでいうならば，通話に加えて
メール，カメラ，インターネット閲覧と，様々な機能が拡張された局面がこれ
に該当する。そして，一通り機能が実装されると，個々の機能のスペック向上
に焦点があたり，やがて技術性能・向上の限界値に近づく。具体的には，カメ
ラの画質，インターネットの閲覧速度が上がったとしても，人間がほとんど差

3　Innovation: The Attacker's Advantages, Summit Books. Foster, Richard（1986）

異を感じなくなるレベルに到達したことが該当する。そして技術はコモディティ化し，価格競争の局面に入る。

　現行技術が停滞期に入るあたりから，新技術の萌芽が見え始める。これが新技術Sカーブである。新技術Sカーブは，当初は現行技術Sカーブの技術性能を下回ることから，現行技術Sカーブの技術軌道にある企業は，新技術Sカーブを軽視する傾向にある。例えば，新しく登場した技術を紹介された際に，「技術的には未熟でまだまだ使い物にならない」というエンジニアのフレーズを耳にした経験はないだろうか。まさしくこの状況が新技術Sカーブの登場初期である。しかしながら，技術Sカーブは，閾値を超えるとその性能が急激に向上する。ご存知のとおり，アップルがiPhoneをリリースした後にサムスンがGalaxyシリーズを展開し，フィーチャーフォンからスマホへの移行が急速に進んだことは記憶に新しい。これが技術革新期において，現行技術から新技術へと技術軌道が転換するメカニズムである。

　日本企業は，まさにこの技術革新期に遅れをとり，情報端末機器の世界は，北欧日勢のフィーチャーフォンから，米韓中勢が圧倒的なシェアを持つスマホマーケットへと変容した。因みに，この技術Sカーブは，かの有名なクレイトン・クリステンセンの「イノベーションのジレンマ」の源泉となる理論である。このように，新技術Sカーブは，現行技術Sカーブとは異なるプレイヤーから登場してくる。自社では軽視しがちな新技術の探索にあたってCVCを活用し，新興技術を有するスタートアップの技術ポートフォリオを形成することが可能となる点で，CVCは先の情報端末機器のようなケースにおいて極めて有用である。技術のSカーブは，自社のみでは対応困難な技術革新期において，次なる打ち手としてのCVCの有効性を示唆している。

With COVID-19時代の技術Sカーブ

　With COVID-19のような緊急事態局面では，技術Sカーブの動きが変化する可能性がある。**図表2－5**は，2011年にタイで洪水による災害が生じた当時の現行技術であったHDDと，新技術であったSSDの技術Sカーブの状況を

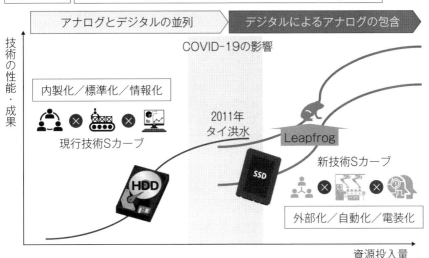

| 図表2－5 | COVID-19の影響による新技術Sカーブの"Leapfrog"変化 |

（出典）　KPMGデータベース

示したものである[4]。当時のタイにおける HDD の生産量は世界第2位と，大きな供給源となっていたが，洪水の発生により，これまで果たしてきた機能が立ち行かなくなってしまった。その結果，価格は HDD より高く，容量も劣るものの，省電力・起動速度・静音・耐衝撃・軽量といったスペックに優れるSSD が一気に普及するという事態が起こった。こうした緊急事態においては，新技術Sカーブが蛙飛びのように急速に向上する"Leapfrog"（リープフロッグ）が生じることがある。

　こうした過去の事例に鑑みると，With COVID-19時代においては，多くの新技術が現行技術の性能・成果に追いつく事態が見込まれる。これまでの現行技術Sカーブは，技術開発の内製化，市場拡大に向けた技術間のインターフェースの標準化，そして設計・生産における CAE/CAD/CAM といった情

4　HDD は Hard Disk Drive（ハードディスクドライブ）の略で，データやプログラムなどを電磁的に書き込んだり読み出したりする記憶装置。SSD は Solid State Drive（ソリッドステートドライブ）の略で，半導体素子メモリを使ったドライブ（記憶媒体）。

報化を重視したアナログとデジタルの並列といった取組みであった。With COVID-19時代には，新技術の急速な進化に備えた技術開発の外部化，三密の回避や Industry4.0の流れに沿った自動化，そしてアナログ技術をデジタル化する電装化といった新技術Sカーブへの転換が進むのではないだろうか。

2-2 技術戦略とスタートアップ投資

［1］ CVC を活用した外部リソースとの連携

自社の技術開発と外部資源を連携させるには？

技術Sカーブを念頭に置くと，自社の技術戦略としては，現行技術Sカーブと新技術Sカーブを両立させる必要がある。With COVID-19時代に新技術のLeapfrog が生じ得ることを想定すると，CVC を活用した技術開発の外部化は有効なオプションになることは間違いない。**図表2－6**は，KPMG が様々なオープンイノベーションの支援を通じて体系化した外部資源との連携構造である。

横軸に技術開発プロセスと顧客ニーズ，縦軸に経営資源を位置づけている。これは，技術開発フェーズに応じて外部資源と内部資源のバランスを図るプロセスと言える。

技術 R&D の初期フェーズであるシーズ探索においては，内部資源としてR&D を活用し，外部資源として CVC を活用する。前著『実践CVC』でも記述したが，外部資源であるスタートアップに対するアクセスは，意思決定スピードやスタートアップの独立性担保といった観点から，CVC を接点とすることが望ましい。なお，この外部資源へのアクセスには，大学や研究所といったアカデミアも含まれる。このフェーズにおける CVC は，アクセラレータプログラム，技術提携，出資といった連携オプションを活用して外部資源にアク

図表2-6	外部資源との連携構造

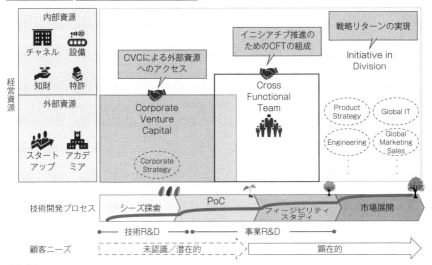

（出典） KPMG データベース

セスし，新興技術の探索を実施していく。次の PoC[5]とフィージビリティスタ
ディのフェーズでは，CVC のキャピタリストと自社事業部門のエンジニアで
組成する CFT（Cross Functional Team）の活用が有効である。ここから事業
R&D のフェーズとなり，技術の事業化・産業化について検討していく。特に
事業をスケールさせるために，大企業の量産技術や販売チャネルといった内部
資源の活用が有効となる。そして，このフェーズを無事乗り越えることができ
れば，内部資源をフル活用した本格的な市場展開となる。こうした外部資源と
の連携プロセスに関する具体的な進め方については，次節並びに第6章での
CVC 実践事例を参照されたい。

---

5 Proof of Concept の略称。概念実証と呼ばれ，技術及び事業アイデアの実現可能性につ
いて技術効用や費用対効果を検証する行程のこと。

［2］　スタートアップ投資を包含した技術戦略

■ 技術開発の外部化を想定した技術戦略

　スタートアップとの連携においては，主に戦略・組織・財務・技術の4つの観点での基盤整備が必要となる。前著『実践CVC』では，このうち戦略・組織・財務の観点について解説したため，本書では，技術面の基盤整備のあり方について詳述する。

　図表2－7は，技術開発プロセスとスタートアップ投資関連タスクとの関連性を明示したものである。技術開発プロセスは，技術評価と技術戦略策定の大きく2つのプロセスで構成される。

　技術評価は，自社の保有技術の棚卸，技術動向分析，技術の優位性評価の3つのプロセスで構成される。保有技術の棚卸は，自社技術の状況を可視化し，要素技術の機能や重要性といった要因を定義することにより，保有技術の位置づけを明確化する作業である。技術動向分析は，前述した技術Sカーブを念頭

| 図表2－7 | 技術開発プロセスとスタートアップ投資の関連 |

技術評価			技術戦略策定		
保有技術の棚卸	技術動向分析	技術の優位性評価	戦略課題と技術目標の設定	技術開発オプションの検討	技術リスクの評価
自社保有技術について，事業ドメイン・製品体系といったカテゴリで要素技術を構造化し，要素技術の位置づけを明確化	Sカーブを念頭に時間軸に伴う既存技術の性能傾向と新興・代替技術の性能動向を把握し，技術革新状況を分析	競合他社および最先端水準企業との技術差異を分析し，技術ポートフォリオを策定	技術評価に基づき，開発すべき重要技術と強化すべき必要技術について技術開発目標を設定	重要技術と必要技術の技術開発に当たっての投資オプション（R&D/M&A/CVC）を定め，技術シナジーを具現化	技術開発に際しての不確実性や事業環境変化の可能性を考慮したリスクヘッジ対応を備えておく

| 新興・破壊的技術投資領域の策定 | アクセラレータプログラムの活用 | 新興・破壊的技術ポートフォリオ組成 |

スタートアップ投資

（出典）　KPMGデータベース

に既存技術と代替・新興技術の潮流を把握し，今後の技術戦略のあり方の検討材料を得る作業である。そして，これら2つの分析に基づき，技術ポートフォリオを組成し，経営資源をどのように配分すべきか，といった技術戦略の検討基盤を構築する技術の優位性評価を行う。スタートアップ投資との関連では，技術動向分析と技術の優位性評価により，新興・破壊的技術の潮流を捕捉し，投資領域を策定する。

　技術戦略策定は，戦略課題と技術目標の設定，技術開発オプションの検討，技術リスクの評価の3つのプロセスで検討していく。戦略課題と技術目標の設定は，前工程で策定した技術ポートフォリオを活用し，開発すべき重要技術と強化すべき必要技術について技術開発目標を設定していく。ここで設定した技術開発目標に沿って，技術開発オプションが検討される。技術開発オプション，すなわち，重要技術と必要技術の開発に際して，R&DなのかM&Aなのか，はたまたCVCなのか，といった投資オプションを定めるのである。M&AやCVCといった外部資源を活用する投資オプションに関しては，技術シナジーを具現化する作業も合わせて行う。なお，技術開発は成功確率が低く，製品開発でさえ61.9%，応用研究で30.5%，基礎研究に至っては11.3%の成功確率であることから[6]，技術リスクを評価しておくことも重要である。スタートアップ投資との関連では，戦略課題と技術目標の設定に際してアクセラレータプログラムを活用することで，新興技術の開発状況や事業実装に向けた課題を明確にすることができる。技術開発オプションの検討と技術リスクの評価では，前述したとおり具体的な投資オプションが規定されることから，新興・破壊的技術を組み込んだ技術ポートフォリオの組成につながる。

■スタートアップ投資と関連した技術開発プロセス：技術評価

　ここでは，スタートアップ投資に関連する技術評価（保有技術の棚卸と技術優位性評価），技術戦略策定（技術開発オプションにおける要素技術の融合手

6　「民間企業の研究開発動向の実態調査」（月刊テクノロジーマネジメント2008年2月号）

図表2－8	イノベーションの可能性を含めた保有技術の棚卸

操作対象	機能（できること）		技術の重要性	強みとなる条件（範囲/程度/対象物）	もたらされる便益	導出される新用途
Xx溶液	高分子重合技術	溶液重合	溶媒中で重合反応を行うこと	基盤技術	xxx	多様な重合技術を用いて、粘着剤など数多くのポリマー製品を生みだすことができる	Xxx
		乳化重合	媒体と媒体難溶性モノマーと乳化剤、ラジカル発生剤を加えて行う重合				
		塊状重合	溶媒を使用せず、モノマーのみまたは少量の重合開始剤を加えて行う重合				
xx	粉体化技術	xxx	xxx	戦略技術	粒子のサイズはサブミクロンから、粒度は単分散/中分散/多分散と幅広く対応可能	粒子を多様な粒度やサイズの微粒子に加工することができる	Xxx

（出典）　KPMG データベース

法）について紹介する。

　保有技術の棚卸が自社で全く実施できていない，というケースはほとんどないであろう。では，保有技術がイノベーションにどのように寄与するか，あるいは，その可能性に言及されているか，といった形で保有技術の棚卸がなされているケースはあるだろうか。現実には，こうしたケースはまだまだ少ないのではないだろうか。**図表2－8**は，イノベーションの可能性も視野に入れた保有技術に関する棚卸の枠組みである。ここでは，例として溶液に関わる高分子重合技術などを挙げている。

　保有技術の棚卸において起点となるのは，要素技術が操作・制御できる対象である。ここを起点として，要素技術が果たすことができる機能を記述する。詳しくは技術優位性評価にて解説するが，次に各要素技術の重要性を定義し，各要素技術が強みを発揮することができる条件を記述する。ここまでが，保有技術の棚卸における基礎情報である。操作対象，機能，強みとなる条件を明確化することにより，各要素技術の優位性と限界，もたらされる便益を定義することができる。これは，現時点における要素技術の提供価値とも言い換えられ

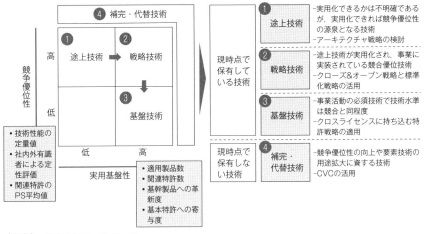

| 図表2－9 | 技術の優位性評価のための技術ポートフォリオ |

（出典）　KPMG データベース

る。そして，各要素技術が新用途として適用できる状況や条件を記述すること
により，イノベーションの可能性と仮説が提示される。

　技術優位性評価において有効なアプローチが，技術ポートフォリオの組成で
ある。**図表2－9**は，技術の優位性を評価するための技術ポートフォリオの枠
組みである。技術ポートフォリオは，競争優位性と実用基盤性の2軸で構成す
るのが合理的である。競争優位性とは要素技術の強さを示し，技術性能の定量
値，社内外有識者による定性評価，関連特許のPS（パテントスコア）平均値
などを用いて測定する。実用基盤性は，要素技術の事業への実装度合いを示し，
適用製品数，関連特許数，基幹製品への革新度，基本特許への寄与度を活用し
て評価する。

　この2つの軸で構成される技術ポートフォリオは，3つに分類される。左上
に位置づけられるのが途上技術である。その名のとおり，実用化できるか否か
は不確実であるが，実用化されれば競争優位性の源泉となる技術である。これ
に対して，右上に位置づけられるのが戦略技術である。これは，途上技術が実
用化され，事業に実装されている競合優位性のある技術である。そして，右下

に位置づけられる基盤技術は，事業活動における必須技術である。これは，競合各社も活用している汎用的な技術であるため，技術水準に優位性があるものではない。技術優位性評価は，この３つの技術のポジションに応じた打ち手の検討材料を明確にするために実施する。すなわち，途上技術は，戦略技術への移行に向けて，どのようなアーキテクチャ戦略に基づいて投資・開発を行うべきか，戦略技術は，優位性の維持・向上のために，知財のクローズ＆オープン戦略や標準化戦略の活用方法を，基盤技術は，クロスライセンスに持ち込むための関連特許の取得，といった具合である。

　そして，イノベーションマネジメントの観点で重要になるのが，現時点で保有していない技術である補完・代替技術の取扱いである。この技術に対するアクセスを確保するうえで有効な手法がCVCである。詳細については，前著『実践CVC』の42～47頁に詳述しているので参照していただきたい。スタートアップ投資の文脈では，技術ポートフォリオの組成により，新興・破壊的技術投資領域の策定につなげることができる。

■ スタートアップ投資と関連した技術開発プロセス：技術戦略策定

　技術戦略策定の中では，競合優位性獲得のためにスタートアップが保有する補完・代替技術を自社の保有技術とどのように組み合わせるかが重要なプロセスとなる。**図表２−10**は，技術開発オプションにおける要素技術の融合手法として，溶液の高分子重合技術の重合要素技術の融合を例に挙げている。エンジニアには馴染みのあるアプローチであるが，CVCのキャピタリストと技術者が技術戦略を検討する際の共通言語として有用なフレームワークである。

　左図は，自社が保有する高分子重合技術における溶液・乳化・塊状重合の要素技術とスタートアップが保有するリビングラジカル重合技術を融合することにより，高度に精密制御された分子構造を有するポリマー合成を実現したケースである。高分子重合技術に関して，自社は溶液・乳化・塊状重合のみ利用可能で，技術課題であった高分子構造を有した重合技術は開発途上で現行商品を高機能化するための障壁となっていた。この課題の解決手段として，スタート

| 図表２－10 | 技術開発オプションにおける要素技術の融合手法 |

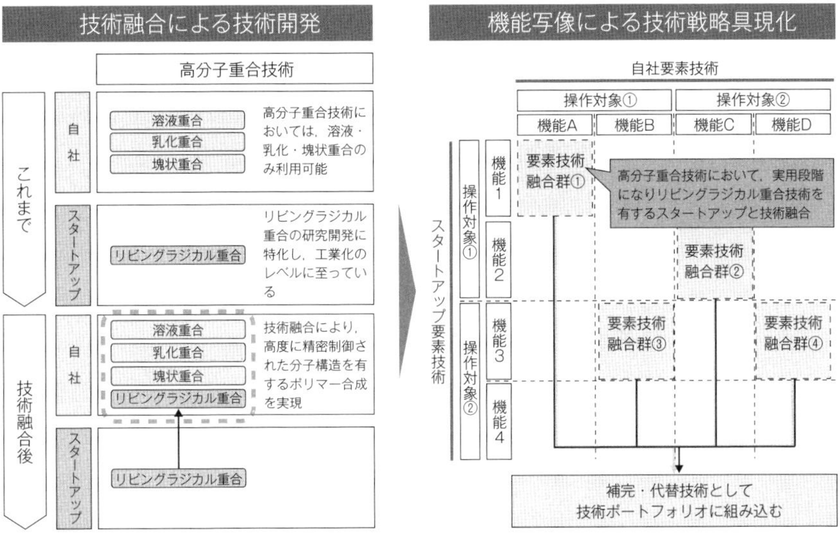

技術融合による技術開発 / 機能写像による技術戦略具現化

（出典）　KPMG データベース

アップが保有するリビングラジカル重合に注目し，技術融合によって高度に精密制御された分子構造を有するポリマー合成を実現させたのである。こうした要素技術の融合ケースを俯瞰的に捉えるために，右図のような自社とスタートアップの要素技術をマトリクス上にそれぞれプロットし，各々の操作対象と機能を観察することで技術融合の可能性のある要素技術を群として捉えることができる。さらに，各技術融合の要素技術群を技術ポートフォリオに再配置することで，補完・代替技術を包含した技術戦略の策定が可能となる。

　こうした検討の際に有用となる理論も紹介しておく。**図表２－11**は，アナロジーによる課題解決の設計メカニズムとして，Gassmann と Zeschky（2008）が発表した理論に筆者が説明を加えたものである[7]。この理論は，産業・業界を横断する知識の融合・創発には，各産業の具体的な知識を抽象化し，"既存

7　Problems abstracted to the level of their structural similarities to other settings（Gassmann and Zeschky, 2008）に筆者が補足説明を加えた。

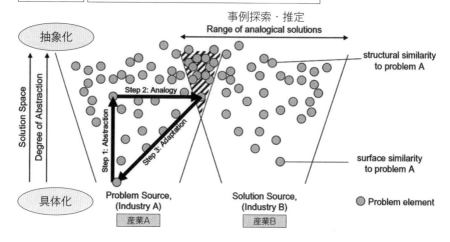

図表2−11　アナロジーによる課題解決の設計メカニズム

の枠から飛び出す，つなげる，帰ってくる”といったアナロジー的思考を骨子としている。

　最近のケースでは，アナログな制御技術へのデジタル技術の融合が挙げられる。アナログ制御技術の「±10ms当たりでPID制御が可能」といった技術（知識）は，異分野のIT産業で共有するには，具体度が高すぎて理解が困難である。そこで，この技術（知識）を「0.01秒と極小時間の間隔で，機械へのデータ入力時間と，機械の制御応答時間を一致させることができる」と抽象化することにより，アナログ情報のデジタル情報化にどのようなデジタル技術が適用可能かを明確にすることができる。こうした具体的な知識の抽象化が異分野産業の当該知識に関する理解を促すとともに，新たな知識の創発につながり，技術融合を後押しする。

　専門的になるが，エンジニア向けに最先端の技術シナジーの事例をもう1つ紹介しておく。イノベーションを志向するM&A・スタートアップ投資では，異質の技術リソースを組み合わせることにより，新たな価値の創出を目指す技術シナジーも登場している。ここでは，このシナジーをイノベーションシナジーと呼ぶ（**図表2−12**）。

図表 2 － 12	技術シナジーの類型

	技術シナジーの特性	製品アーキテクチャのイメージ
垂直統合	**製品階層の補完性を活用しモジュラー型で相補的なシステム** • モジュラー型アーキテクチャ • プロダクトの組み合わせによる補完性を活用し，相補的な「システム」を志向した技術シナジー	相補的なシステム 
水平統合	**材料階層の補完性を活用しインテグラル型で相乗的なプロダクト** • インテグル型アーキテクチャ •「製品階層」で類似性があるため，「材料階層」での相違性を活用 • 要素技術の組み合わせによる補完性を活用し，相乗的な「プロダクト」を志向した技術シナジー	相乗的なプロダクト プロダクト 材料技術A ⊗ 加工技術A

（出典） KPMG データベース

　イノベーションシナジーは，主に自社と対象会社の異質の技術を組み合わせることで実現する。このイノベーションシナジーは，統合形態で特性が分かれることが多い。垂直統合の場合には，両社の製品階層の補完性を活用したアーキテクチャ[8]が，モジュラー型で相補的な「システム志向」の技術シナジーとなる。一方，水平統合の場合には，両社の製品は類似しているため，材料階層まで遡って技術補完性を追求したアーキテクチャが，インテグラル型で相乗的な「プロダクト志向」の技術シナジーとなる。スタートアップ投資の文脈では，投資対象となるスタートアップが補完的であれば，モジュラー型で相補的な「システム志向」の技術シナジーを指向し，投資対象が代替的であれば，インテグラル型で相乗的な「プロダクト志向」の技術シナジーを指向する，といった検討が効果的であろう。

　最後にスタートアップとの技術融合で課題となる技術コンタミネーション（技術コンタミ）についても触れておく。技術コンタミとは，もともとは実験

8　本書でいうアーキテクチャとは，「システム設計を考える際の関係性に着目した枠組み」を指す。

室での異物混入による汚染という意味で，情報源を異にする秘密情報が混ざり合う結果として，秘密の漏洩が生じることを指す。

　これをスタートアップ投資のケースにあてはめると，投資対象もしくは投資先のスタートアップに委託開発，あるいは共同開発する際のコミュニケーション段階でスタートアップの技術情報が自社のエンジニアに"混入"し，当該エンジニアが"混入"情報を参考に開発した新技術が自社技術として成立することでスタートアップの技術が無効となってしまう事態である。スタートアップに投資する大企業には，こうした技術コンタミを回避することが求められる。具体的には，**図表2－13**に挙げるビジネスフローごとの技術コンタミ回避策を採ることが有用である。

　まずは，スタートアップの特許出願支援である。これは，大企業側がリソース・ノウハウを提供することで，スタートアップの特許出願を支援するものである。次に，秘密保護契約（NDA）の締結である。これは，重要な技術情報等を相手（スタートアップ）に開示し，当該開示情報の流出を防ぐためにNDAを締結するというものである。こうすることにより，特定の技術や製品

図表2－13	技術コンタミを回避するビジネスフロー

ビジネスの流れ	スタートアップの特許出願支援	スタートアップが特許出願していない場合，特許出願支援のために大企業側がリソース・ノウハウを提供
	秘密保護契約（NDA）	重要な技術情報等を相手に開示して協業可能性を検討する場合，当該情報の流出を防ぐために二者間でNDAを締結
	共同開発契約／研究委託契約	特定の技術や製品の開発を分担・協力するために二者間で締結

（出典）KPMGデータベース

の開発を分担・協力するための共同開発契約 / 研究委託契約へと続き，技術コンタミを回避しつつオープンイノベーションを推進することが可能となる。

2-3 R&D 戦略とアーキテクチャ

[1] 途上技術を戦略技術に移行させるアーキテクチャ戦略

R&D の類型と投資戦略

2 - 2 ［2］「スタートアップ投資を包含した技術戦略」において，技術優位性を評価する際には，技術ポートフォリオの組成が有効なアプローチであると述べた。これを R&D 戦略の観点から捉えると，**図表2 −14**のように位置づ

図表2 −14　R&D 類型における技術ポートフォリオと投資戦略

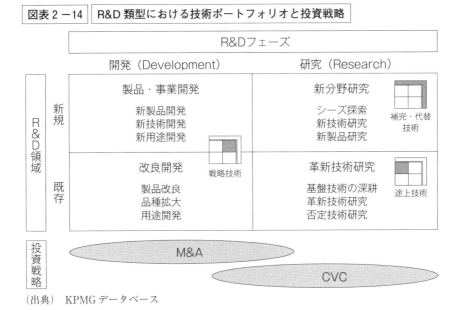

（出典）　KPMG データベース

けられる。

　まず，縦軸のR&D領域には新規と既存があり，横軸のR&Dフェーズには研究（Research）と開発（Development）がある。左下の既存領域の開発フェーズから時計回りに，改良開発，製品・事業開発，新分野研究，革新技術研究の4つの象限に分かれている。各象限への技術資源配分を決定するのがR&D戦略であり，R&D戦略遂行のための資源獲得手法が投資戦略である。開発フェーズにおいては，製品を前提とした改良開発と製品・事業開発がR&Dの目的となることから，投資戦略としてはイノベーションシナジーで解説したとおりM&Aが有効である。一方，研究フェーズにおいては，技術革新を前提とした革新技術研究や新分野研究がR&Dの目的となることから，新興・破壊的技術の取り込みを意図したCVCが投資戦略として有効である。

　話を戻し，技術ポートフォリオとの関連からR&D戦略を捉えてみる。まず，補完・代替技術である[9]。補完・代替技術は，技術ポートフォリオでは，既存技術の枠外にある新興技術であるため，R&Dでは，シーズ探索，新技術研究，新製品研究といったサイエンス（科学）アプローチを通じて技術開発が進められる。R&Dプロセスでは，基礎研究と呼ばれる分野に該当するため，研究期間も10年以上と長期にわたることが多い。次に途上技術であるが，これは革新技術研究に位置づけられ，同じくR&Dプロセスでは応用研究に該当する。途上技術は，競争優位性は見込めるものの実用性に課題がある技術である。よって，基盤技術の深耕や革新技術研究および否定技術研究といったエンジニアリング（工学）アプローチにより，実用性の向上が図られる。そして戦略技術である。これは，既に優位性のある製品に実装された技術であるため，新材料や装置およびシステムや工程などを導入した改良開発と基礎研究・応用研究の技術を複数組み合わせた製品・事業開発により，さらなる競争力向上が図られる。R&Dプロセスでは開発研究の分野である。

9　CVCを活用した補完・代替技術の取り込み手法については，前著『実践CVC』を参照されたい。

プロダクトアーキテクチャと途上技術の戦略技術への移行

途上技術を戦略技術に移行させるには，実用性を高めることが求められる。「途上技術製品のインテグラル型アーキテクチャをモジュール型アーキテクチャに移行する」というアーキテクチャ戦略の実践がそのための方法である。言うは易しであるが，その実践は極めて難しい。まずは，このアーキテクチャ戦略を実践するための前提として，プロダクトアーキテクチャの原理を解説する。

再掲するが，本書でいうアーキテクチャとは，「システム設計を考える際の関係性に着目した枠組み」を指す。さらに，システムは，「個々の要素が有機的に連携することにより，狙う機能を実現する仕組み」を指す。システムは，要素間内部の関係性もあれば，外部要因との関係性もある。また，前者の要素間の関係性は，要素が複雑な相互依存関係となるシステムもあれば，要素がルールにより単純化されたシステムもある。こうした要素間の関係性を規定する行為が，アーキテクチャ戦略である。

アーキテクチャを容易に理解するために，製品に関わるプロダクトアーキテクチャについて解説する。「要素間の関係には複雑な相互依存関係とルール化された単純関係がある」と述べたが，前述の要素間の関係をプロダクトアーキテクチャにあてはめると，「複雑な相互依存関係」がインテグラル型アーキテクチャと呼ばれ，「ルール化された単純関係」がモジュール型アーキテクチャと呼ばれる。図表2－15は，トレーラーをケースとしたプロダクトアーキテクチャの類型[10]を示したものである。

図表2－15の左図がインテグラル型アーキテクチャである。プロダクトアーキテクチャは，機能と部品の写像関係を規定することであり，その写像関係は，機能要素から構成要素（部品）へは，1対多，多対1の関係となる。また，構成要素（部品）間のインターフェースが結合しているのが特徴である。図表

---

10 "The role of product architecture in the manufacturing firm" Karl T. Ulrich（1993）を基に KPMG にて作成。

インテグラル型	モジュール型
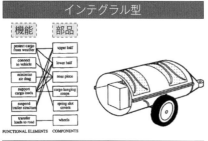	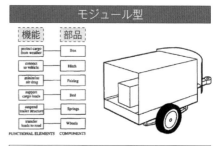
▪ 機能要素から構成要素（部品）への写像関係は1対多，多対1の関係 ▪ 構成要素（部品）間のインターフェースは結合	▪ 機能要素から構成要素（部品）への写像関係は1対1の関係 ▪ 構成要素（部品）間のインターフェースは分離

2-15の右図はモジュール型アーキテクチャである。モジュール型アーキテクチャの写像関係は，機能要素から構成要素（部品）へは，1対1の関係であり，構成要素（部品）間のインターフェースが分離しているのが特徴である。

モジュール型はインターフェースが分離しているため，部品の多様な組み合わせが可能となる一方，インテグラル型の組み合わせは限定的となるのがアーキテクチャ特性によって示される各々の特徴である。そうなると，アーキテクチャは，多様な製品・システムが実現できるモジュール型を志向することが望ましい，という結論になりそうであるが，果たしてそうだろうか。

アーキテクチャの選定はそう単純ではない。製品やシステムが成立する過程には，様々な試行錯誤が存在する。その試行錯誤を経て市場で成立した製品は，ドミナント・デザイン[11]と呼ばれる。このドミナント・デザイン形成の初期段階は，そもそもの製品全体のデザインを決める工程である。この初期工程では，狙いたい機能を実現するために様々な部品を擦り合わせ，試行錯誤しながら設計する。つまり，半ば必然的にインテグラル型が採用されることになる。換言

---

11 Abernathy, W. J. (1978). The productivity dilemma: Roadblock to innovation in the automobile industry. Baltimore, Maryland: Johns Hopkins University Press.

すれば，インテグラル型は，製品全体の形状，サイズ，質量，材料特性といった物質的特性を活かした性能を生み出すアーキテクチャであり，無限の多様性といった特性を持つ。こうした特性を，グローバル性能特性[10]と言う。トレーラーのアーキテクチャで解説すると，雨風の防止，荷物の負荷軽減，車両の連結，といった様々な機能を実現すべく各部品を擦り合わせることで，トレーラー全体の性能を規定している。モジュール型は，部品と機能の写像関係が一対一であることから，ドミナント・デザインの初期段階のアーキテクチャとして採用するのは合理的ではない。つまり，モジュール型は，ドミナント・デザインを前提としたアーキテクチャなのである。トレーラーのアーキテクチャでいえば，インテグラル型でドミナント・デザインが形成されているため，雨風の防止機能はBOX，荷物の負荷軽減機能はFairing，車両の連結機能はHitchといった単一部品の組み合わせでトレーラー全体の性能を規定することができる。こうした部品単一による性能特性をローカル性能特性[10]と言う。このことから，モジュール型は，個々の部品を集中開発することが可能であり，対応する"部品"のみ変更することで，製品の各機能要素を個別に変更することができる。なお，モジュール型成立の要件として，もう1つ重要なのは，「インターフェースの標準化」である。構成要素（部品）間のインターフェースが標準化されているからこそ，様々な組み合わせが可能となるのである。

　冒頭で，「途上技術を戦略技術に移行させるには，『途上技術製品のインテグラル型アーキテクチャをモジュール型アーキテクチャに移行する』というアーキテクチャ戦略の実践ということになる」と述べたが，途上技術製品では，インテグラル型アーキテクチャこそが合理的である。インテグラル型アーキテクチャによってドミナント・デザインを形成し，そのドミナント・デザインをモジュール型アーキテクチャによって単一部品の機能を向上させたり組み合わせを多様化させたりすることで，製品機能全体の効率性・多様性を実現する，という戦略技術への移行が可能となる。CVCの文脈でいえば，モジュール型アーキテクチャを採用することで，スタートアップとの技術連携も容易になる。つまり，自社とスタートアップ各々が製品（技術）を独立して開発することで，

相補的なシステムを志向したイノベーションシナジーの実現可能性を高めることができる，ということになる。

2-4 技術の標準化戦略とクローズ&オープン戦略

［1］ 標準化戦略

■ 標準化の重要性の向上

戦略技術構築に向けたモジュール型アーキテクチャの重要な要件として，構成要素（部品）間のインターフェースの標準化がある。標準化という言葉は広く流通しているものの，日本企業はこの標準化が非常に弱いと言われる。ガラケー，軽自動車，CD販売などの「ガラパゴス化」が典型的な例として挙げられる。そんな中，2019年7月に工業標準化法（JIS法）が約70年ぶりに大幅改正され，日本産業規格（JIS）となった。改正によってその範囲は鉱工業品の他，新たに「サービス」，「データ」，「経営管理の方法」へと拡大し，Industry 4.0関連の新技術分野やモノとサービスの一体化対応のためのデータの取扱い，社会インフラシステム，関連国際規格といった国際標準化基盤が整備された（**図表2－16**）。

標準化は，戦略技術の構築に加え，市場拡張においても重要なオプションとなっており，標準化戦略を展開することは，企業の成長戦略を左右する要因となってきた。それでは，この重要性が高まってきている標準化とはどういったものであろうか。

■ モジュール型アーキテクチャ採用に向けた標準化手法

図表2－17は，標準化の構造である。標準化とは，「技術を単純化・共通化し，インターフェースを実現すること」と定義される。インターフェースは，

| 図表 2-16 | 標準化の対象，意義の変遷 |

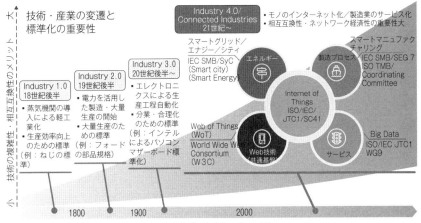

（出典）「JIS 法の抜本的改正」経済産業省（平成30年11月）

| 図表 2-17 | 標準化の構造 |

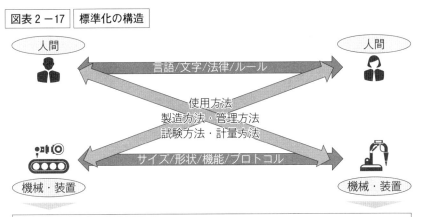

（出典）　KPMG データベース

人と人との関係においては言語，文字，法律，ルールが標準化の対象に該当する。異なる言語，異なる文字，異なる法律，異なるルールでは，人間どうしのコミュニケーションが成り立ちにくいことからも，容易に想像できるであろう。機械や装置といった場合においては，サイズ，形状，機能，プロトコルといったインターフェースが標準化の対象となる。

　では，これが人間対機械や装置のインターフェースの場合にはどうなるだろうか。使用方法，製造方法，管理方法，試験方法，計量方法がこれに該当する。インターフェースの標準化は，大きく4つのメリットをもたらす。1つ目は，製造方法が統一されることで簡単に作れるようになり，その結果「安価に入手できる」ようになるという点である。2つ目は，作り方，使い方が同じであるため，「誰でも扱え，管理できる」という点である。3つ目は，試験方法，計量方法が共通していることから，品質も共通になり，「交換・代替できる」という点である。そして4つ目は，比較方法が同じであるため，「比べて選択できる」という点である。

　こうした4つのメリットは，スタートアップとの連携を想定した場合に，「図表2－6：外部資源との連携構造」で挙げたPoCにおける初期的な技術・製品開発では，「交換・代替できる」，「比べて選択できる」といった標準化が促進要因として働き，フィージビリティスタディにおける事業開発では，「安価に入手できる」，「誰でも扱え，管理できる」といった標準化が有用となる。

　では，標準化はメリットばかりかというと，決してそんなことはない。**図表2－18**は，技術公開度合いと報酬の多寡の関係を示したものである。縦軸は業界に占める自社のシェア，横軸は業界全体の総売上を表している。そして，アミ掛け部分の面積が手に入る報酬の大きさを示している。

　左上の独占化は，技術を秘匿している場合で，業界に占める自社のシェアは高いものの，自社のみでしか技術が活用されないため，業界全体の総売上，すなわち市場規模は小さくなることを表している。一方で，右下の解放化は，論文発表などにより技術が公開されている状態，すなわち，標準化されているケースで，市場規模は大きくなるが，自社のシェアは低くなることを表してい

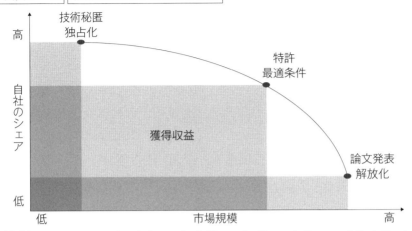

| 図表2-18 | 技術公開度合いと報酬の多寡 |

（出典）"Information Rules A Strategic Guide to the Network Economy" Carl Shapiro and Hal R. Varian（1999）を基に KPMG 作成

る。標準化は，市場規模の拡大に寄与する一方で，自社のシェアを著しく低下させるリスクがあるということがいえる。一例として，東芝（現キオクシア）が1992年に開発した NAND フラッシュメモリーに関してサムスンに行った技術供与が挙げられる。開発された NAND は，当時すぐに販売できる状況にはなく，まずは市場を形成する必要があったことから，東芝はサムスンに技術供与することで市場形成を図ったのである。この判断の適否を評価するのは難しいところであるが，結果として2018年における NAND フラッシュメモリーのシェアは，サムスンの33％に対して東芝は19％と，大きく水をあけられている[12]。

標準化を進めるに際しては，自社が手にすることができる報酬を最大化する

12　出典：半導体市場調査会社 Objective Analysis（2018年8月）。94年に退任した元副社長の川西剛氏は「投資するかしないか，東芝が役員会でもたもた議論しているうちに，サムスンはこれが伸びると信じて投資した。スピード感に差があった」（「フラッシュメモリー産みの親」東芝が敗北した真の理由（2019年12月24日）：毎日新聞「幻の科学技術立国」取材班）と東芝のシェアがサムスンの後塵を拝したのは，投資意思決定が遅れたことが原因とする見方もある。

べく，独占化と解放化の中間にある最適条件を見出し，特許などで権利を保護しつつもライセンスの活用で市場拡大を図る標準化戦略が重要である。換言すると，手に入る報酬＝業界全体の付加価値×業界価値に占めるシェアとなるため，クローズとオープンを使い分けることによって利益の最大化を実現するクローズ＆オープン戦略が重要なのである。

［2］ クローズ＆オープン戦略

■ 市場独占（競争）と市場拡大（協調）の"トレード・オン"

「図表2－14：R&D類型における技術ポートフォリオと投資戦略」で示した戦略技術を最大限に活用するためには，市場独占と市場拡大という二律背反を両立させる"トレード・オン"が必要である。戦略技術を活用する観点からの市場独占とは，自社の差別化技術によって「競争」優位を構築し，自社占有率を高めることであり，市場拡大とは，自社で標準化したインターフェースと他社技術が「協調」することによって市場規模を拡大させることである。この市場独占と市場拡大の"トレード・オン"を作り出す戦略がクローズ＆オープン戦略である。

図表2－19は，クローズ＆オープン戦略の構造である。この戦略の前提条件は，自社モジュールとしてドミナント・デザインが形成されていることである。その上で，最初にクローズ領域を規定することが重要である。具体的には，自社モジュールにおいて戦略技術が発揮される機能，すなわち差別化機能が確立していることである。これは戦略の観点からは競争領域と呼ばれる。この競争領域を規定することにより，自社モジュールにおけるインターフェースのオープン領域が定まり，標準化すべきインターフェースが確定する。これは戦略の観点からは協調領域と呼ばれる。当初クローズ＆オープン戦略と聞いて，オープンとクローズが逆ではないか，と違和感を覚えた読者もいるかもしれないが，これは戦略であるため，実施する順序が極めて重要である。戦略技術の最大活用には，クローズ，つまり競争（秘匿）領域を規定することで協調（標準）領

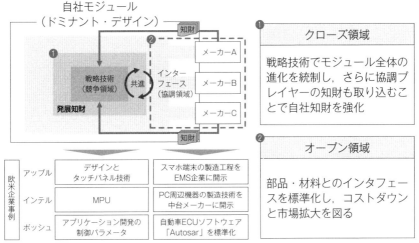

図表2-19 クローズ&オープン戦略の構造

自社モジュール
（ドミナント・デザイン）

❶ クローズ領域

戦略技術でモジュール全体の進化を統制し，さらに協調プレイヤーの知財も取り込むことで自社知財を強化

❷ オープン領域

部品・材料とのインタフェースを標準化し，コストダウンと市場拡大を図る

欧米企業事例	アップル	デザインとタッチパネル技術	スマホ端末の製造工程をEMS企業に開示
	インテル	MPU	PC周辺機器の製造技術を中台メーカーに開示
	ボッシュ	アプリケーション開発の制御パラメータ	自動車ECUソフトウェア「Autosar」を標準化

（出典）　各種公開情報に基づき KPMG 作成

域が定まるという因果関係が成り立つことから，クローズ&オープン戦略，となるわけである。

　次に，クローズ&（アンド）オープン戦略の名のとおり，これら2領域の両立を図ることになるが，その要諦がクローズ領域の進化である。クローズ領域の進化とは，戦略技術が発展し，競争領域が増強されることを指す。そのために重要な関係が，協調プレイヤーとの関係である。具体的には，協調プレイヤーの知財を自社モジュールに組み込み，戦略技術の発展を促す「共創」関係を構築するのである。この「共創」関係は，発展した戦略技術を活用した自社モジュールをアップデートすることによって可能となる。この「共創」はさらなる市場拡大へとつながり，協調プレイヤーもこの恩恵を享受する「共進」関係へと発展させることができる。

　欧米企業の中には，このクローズ&オープン戦略により，大きな成果を出しているケースがある。アップルは，デザイン（意匠権）とタッチパネル技術をクローズ領域とし，iPhone 端末の製造工程をオープン領域として EMS 企業に

開示することでiPhoneを常にバージョンアップし，高収益を実現している。インテルは，MPUをクローズ領域とし，PC周辺機器の製造技術を中台メーカーに開示することで依然として70％近いMPUのシェアを維持し続けている。自動車部品メーカーであるボッシュは，自動車電装システムにおいて，アプリケーション開発の制御パラメータをクローズ領域とし，自動車ECUソフトウェアAutosarをオープン領域とすることで標準化し，ボッシュがAutosarを活用したECU関連部品の販売を新興国で拡大させることに成功している。

　CVCの文脈でいえば，クローズ＆オープン戦略は，大企業とスタートアップが「共進」関係となることと理解することができるであろう。また，クローズ＆オープン戦略は，大企業の専売特許ではなく，スタートアップも複数の大企業と連携する戦略として採用できるものである。勘の良い読者は気づいたであろうが，クローズ＆オープン戦略は，自社モジュールをプラットフォームに見立てたオープンプラットフォーム戦略でもある。多くの日本企業は，オープンイノベーションというブームの中で，オープン領域に目を向けることが先行し，自社のクローズすべき競争領域を明確に規定していない。この背景には，特許は知財部門が取り扱い，標準化は事業部門が担うといった分離構造がある。

■ 技術・知財のクローズ＆オープン手法

　クローズ＆オープン戦略を実践するには，技術の構成要素と技術の公開度合いを組み合わせることが必要になる。**図表2−20**は，両者の関係性を示したものである。

　まず，技術の構成要素は，「原理」，「原理を実現する仕組み」，「効用」，「インターフェース」の4階層で構成される。原理を実現する仕組みとは，仕組みの製造・実現方法のことであり，効用とは効用の評価方法を指す。クローズ＆オープン戦略の実践は，この4階層の公開度合いを制御することで，市場独占と市場拡大のバランスを図ることと言える。この際，市場独占，つまり競争領域に該当するのが，「原理」と「原理を実現する仕組み」であり，市場拡大，つまり協調領域に該当するのが，「効用」と「インターフェース」である。

図表2－20　技術の構成要素と技術の公開度合い

（出典）　KPMG データベース

　次に，クローズ＆オープンの手法（技術の公開度合い）であるが，最もクローズな手法が「ノウハウ」であり，「特許」，「公開」，「標準化」，「規制」の順にオープンな手法に近づく。規制については，政府や業界団体が主体となることから，個別企業には完全に制御することができないため，間接的な手法となる。

　原理は技術の根幹であるため，基本的にはクローズとする。ただし，完全にクローズとすると，協調プレイヤーは，その技術で何ができるのかを理解することができないため，技術が漏洩しない範囲でオープン化を図る。具体的には，情報は共有するものの技術は開放しない「特許」と，有償で技術活用を認める「公開」が用いられる。原理を実現する仕組みは競争領域の根幹であるため，クローズが絶対条件となる。ここでの最大のリスクは，権利保護と模倣回避であるため，「ノウハウ」によるブラックボックス化と「特許」による権利保護を使い分けることになる。次に，効用がわからない限り協調プレイヤーは，当該技術との融合を図ることができないため，効用は基本的にオープンとする。

一方，効用の評価方法は，それが理解されることによって上位階層の原理を実現する仕組みを解明されるリスクがあることから技術漏洩しないものだけをオープンにする。最後のインターフェースは，当然オープン化して「標準化」を推し進め，効用の利用を促していくことになる。

【コラム①】　欧州エネルギー業界における CVC の蹉跌

　欧州のエネルギー業界では，1990年代の政治・経済・社会的な環境変化の影響を受けて，多くの CVC が設立された。政治的要因は，EU による欧州の単一エネルギー市場構築である。EU 加盟国は，域内における自由な単一市場の完成を目指しており，電力もその 1 つに位置づけられていたのだ。経済的要因は，電力自由化による競争の促進である。電力小売りの部分自由化が導入され，一部の消費者が電力会社を自由に選択することが可能になったことで電力会社間の競争が激化する状況が生まれた。社会的要因は，地球温暖化に対する意識の変化である。1990年代初頭に，北欧諸国が率先して温暖化対策税を導入したことにより，欧州でも温暖化対策の気運が醸成されたのである。

　こうした外部環境の変化に伴って電力市場へ競争原理が持ち込まれることとなり，規制によって守られてきた事業者たちは，競争優位性を築こうと，CVC を設立するのだが，設立された多くの CVC は，3 ～ 5 年という極めて短い期間のうちに活動停止または廃止に至ってしまったのである。

| 図表 | 欧州エネルギー業界の代表的な CVC と現状 |

欧州エネルギー産業を取り巻く環境（1990年代）

外部環境
変化

	欧州単一エネルギー市場の構築
政治的要因	EU 加盟国は，域内の自由な単一市場を完成させることを目指しており，電気もその 1 つとして位置づけられる
経済的要因	電力自由化により競争の促進 小売の部分自由化により，一部消費者が電力会社を自由に選ぶことが可能となり，競争が促進
社会的要因	地球温暖化に対する意識変化 1990年代初頭に北欧諸国が温暖化対策税を導入したことを皮切りに欧州は温暖化対策の気運醸成

欧州エネルギー業界の CVC ファンド

ファンド名	国	設立年	現状
EDF Capital Investissement	フランス	1998	廃止(n. i.)
Innotech GmbH	ドイツ	2000	廃止(2004)
Vattenfall Europe Venture	ドイツ	1999	廃止(2002)
Siemens Venture Capital	ドイツ	1999	活動中 (現 Next47)
E On Venture Partners	ドイツ	2000	廃止(2005)
Endesa Netfactory	スペイン	2000	廃止(2003)
Suez Nov Invest	フランス	2000	廃止(2003)
Schneider Electric Ventures	フランス	2000	活動中
EDF Business Innovation	フランス	2001	廃止(2005)
RWE Dynamics	ドイツ	2001	売却(2005)
BASF Venture Capital GmbH	ドイツ	2001	活動中
Norsk Hydro Technology Ventures	ノルウェー	2001	活動中

（出典）　Teppo and Wüstenhagen "Why Corporate Venture Capital Funds Fail-Evidence from the European Energy Industry" および公知情報を基に KPMG 作成

第3章

CVC 運用の実際

3-1 | 投資領域の設計手法

[1] 投資領域設計の目的

■ スタートアップ投資の目的は明確か

「スタートアップ投資を通じて，どのようなリターンを得たいか」，これは投資領域を設計するうえでの羅針盤のようなものである。スタートアップ投資の目的は，戦略リターンと財務リターンの獲得である。**図表3－1**では，CVCを目的別に①財務リターン重視型，②財務・戦略バランス型，③戦略リターン重視型の3パターンに分類している。**図表3－2**が示すように，グローバルでは②財務・戦略バランス型が大半を占めるのに対し，日本では③戦略リターン重視型が約半数を占めており，大きな違いが見られる。

自社のCVCがどの類型に該当するかによって，投資領域設計の考え方も変わってくる。例えば，Sapphire Ventures[1]のように，①財務リターン重視型の場合には，純粋に「財務リターンを最大化するために，レイターステージを中心に，既に事業化された領域はどこか」という観点で投資領域を設計する。一方，③戦略リターン重視型の場合には，「スタートアップ投資を通じて得たい戦略リターンの獲得見込みが高い領域はどこか」という観点に基づいて投資領域を設計する。①と③の中間に位置する②財務・戦略バランス型は，その名の通り戦略リターンと財務リターンのバランスを取るために，「戦略リターン獲得を見込む投資領域のうち，ハードルレートであるROI（もしくはIRR）の達成可能性が高い領域はどこか」という観点が求められる。財務リターンに関しては，目標とすべき最低限の財務リターンの水準を明確化し，戦略リターンに関しては，新規事業戦略が前提となる。

---

1 1996年に設立されたSAPが運営するCVC。財務リターンの創出を重視し，主にIT領域におけるレイターステージのスタートアップを中心に投資している。

CVC の目的別類型

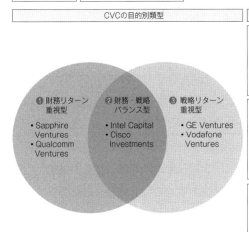

| CVCの目的別類型 | CVCの目的別の特徴と成功・失敗の定義 |

❶ 財務リターン重視型
・CVCの設立目的は、財務リターン優先で、一般的なVCと同様にキャピタルゲイン重視
　-親会社からの距離が一定程度あり、CVCの独立性が高い
・十分なROI/IRRが確保できるかが、成功/失敗の分かれ目

❷ 財務・戦略バランス型
・CVC設立目的は、財務リターンと戦略リターンのバランスを追求
　-CVC担当者には、財務的な視点と戦略的な視点が要求されるため、スタートアップと親会社との懸け橋役（中立的な立場）が要求される
・一定程度のROI/IRRを確保しつつ、親会社との事業シナジー創出可能かが、成功/失敗の分かれ目

❸ 戦略リターン重視型
・CVC設立目的は、戦略リターン優先で、親会社の目的を達成すること、競争優位性の強化を重視
　-事業シナジー創出のため親会社との距離感は近い
・先進的な事例では戦略リターンを測定することで、成功/失敗を定義

ベン図内:
❶ 財務リターン重視型
・Sapphire Ventures
・Qualcomm Ventures

❷ 財務・戦略バランス型
・Intel Capital
・Cisco Investments

❸ 戦略リターン重視型
・GE Ventures
・Vodafone Ventures

（出典）　KPMG データベース

図表 3 - 2　CVC のリターンに関する日本とグローバルの考え方の違い

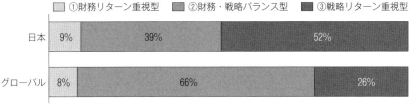

| | □①財務リターン重視型 | ■②財務・戦略バランス型 | ■③戦略リターン重視型 |

日本：9% / 39% / 52%
グローバル：8% / 66% / 26%

（国内：n=75　グローバル：n=88）

（出典）　一般財団法人日本ベンチャーキャピタル協会「我が国のコーポレートベンチャリング・ディベロップメントに関する調査研究（〜CVC・スタートアップ M&A 活動実態調査ならびに国際比較〜）」

[2]　投資領域設計の手法

投資領域設計の4ステップ

CVC 類型の②財務・戦略バランス型を前提とした場合、投資領域を定める

にあたり，戦略リターン獲得の可能性が高い領域を特定したうえで，財務リターン獲得の観点を交えて投資手法を設定する。前著『実践CVC』で紹介したとおり，コーポレートベンチャリングの主目的はイノベーションの実現である。そのため，財務リターンの獲得を起点に投資領域を検討するのではなく，まずは戦略リターン獲得の可能性が高い領域を特定し，その枠組みの中で財務リターン獲得の可能性を最大化することが重要である。投資領域を設計する具体的なアプローチとしては，**図表3－3**に示すような4つのステップが合理的である。まずは，「投資領域候補の探索」である。設計すべき投資領域を整理し，競合他社の動向をにらみつつ，社内の関係者との検討・議論を通じて，投資対象とする新規事業について仮説を構築する。投資領域の候補となるアイデアを広げていく，いわば「拡散」のフェーズにあたる。次に，「技術・産業領

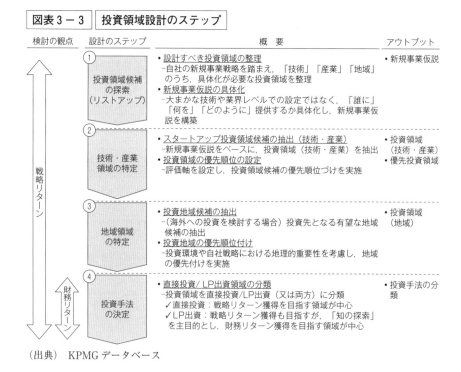

| 図表3－3 | 投資領域設計のステップ |

検討の観点	設計のステップ	概　要	アウトプット
戦略リターン	① 投資領域候補の探索（リストアップ）	・設計すべき投資領域の整理 －自社の新規事業戦略を踏まえ，「技術」「産業」「地域」のうち，具体化が必要な投資領域を整理 ・新規事業仮説の具体化 －大まかな技術や業界レベルでの設定ではなく，「誰に」「何を」「どのように」提供するか具体化し，新規事業仮説を構築	・新規事業仮説
	② 技術・産業領域の特定	・スタートアップ投資領域候補の抽出（技術・産業） －新規事業仮説をベースに，投資領域（技術・産業）を抽出 ・投資領域の優先順位の設定 －評価軸を設定し，投資領域候補の優先順位づけを実施	・投資領域（技術・産業） ・優先投資領域
	③ 地域領域の特定	・投資地域候補の抽出 －（海外への投資を検討する場合）投資先となる有望な地域候補の抽出 ・投資地域の優先順位付け －投資環境や自社戦略における地理的重要性を考慮し，地域の優先付けを実施	・投資領域（地域）
財務リターン	④ 投資手法の決定	・直接投資／LP出資領域の分類 －投資領域を直接投資／LP出資（又は両方）に分類 　✓直接投資：戦略リターン獲得を目指す領域が中心 　✓LP出資：戦略リターン獲得も目指すが，「知の探索」を主目的とし，財務リターン獲得を目指す領域が中心	・投資手法の分類

（出典）　KPMGデータベース

域の特定」を行う。新規事業の仮説に基づいて投資領域となる技術・産業領域を抽出し，優先順位をつける「収束」のフェーズとなる。続いて，「地域領域の特定」を行う。設定した技術・産業領域を基に，投資地域を検討する。最後のステップは，定めた投資領域をもとに，直接投資／LP出資領域を定める「投資手法の決定」である。

具体化が必要な投資領域は何か

投資領域の設計に入る前に，「技術」「産業」「地域」のどの領域を検討すべきかを整理する必要がある。検討すべき領域は，各々が新規事業戦略においてどの程度具現化されているかに依存する。中期経営計画や新規事業戦略で重点領域となる産業が定められている場合には，投資すべき産業領域は比較的明瞭である。例えば，「低炭素社会の実現」をビジョンの1つとして定め，重点産業としてエネルギー業界を挙げている場合などが該当する。

一方で，自社のコア技術を起点に，どのような技術・産業領域に投資するかを定める場合もある。例えば，オムロンベンチャーズは「センシング＆コントロール＋Think」をコア技術として保有し，長期ビジョンの中で「ファクトリーオートメーション」，「ヘルスケア」，「ソーシャルソリューション」を注力ドメインとしている。その方針に基づいて，自動化の促進に寄与するようなAI，ビッグデータなどの技術，ハードとの融合を目指すサービスやソフトウェアを投資対象技術とし，幅広く投資している。また，既存事業が成熟期を迎え，新規事業の必要性を強く認識してはいるものの，どのような方向性でイノベーションを実現すべきかが定まっていない場合には，まずはその点について検討する必要がある。

投資領域候補の探索

【新規事業領域の具体化（事業拡張の方向性の検討）】

投資領域の設計手法を解説するにあたり，具体的なイメージを持っていただけるよう，匿名事例を用いながら話を進める。医療従事者向けに医療機器を製

造・販売している国内医療機器メーカーA社が，ヘルスケア領域で新たな価値創出を目指し，スタートアップ投資を検討しているケースを取り上げる。A社はヘルスケア領域で新たな事業に取り組みたいという意向を持っているが，スタートアップ投資で対象とすべき技術・地域領域を明確にすることができずにいた。

　図表3－4は，現状を整理するために，A社の既存事業を，対象顧客（Who）と提供価値（What）を軸に整理したものである。対象顧客を医療機関（BtoB），一般患者やヘルスケアに関心の高い一般消費者（BtoC），提供価値を大きく「予防」，「診断」，「治療」の3つに分解し，提供している製品・サービス（How）をマッピングしている。現時点では，主に「診断」，「治療」のフェーズにおいて，血圧計や内視鏡などの医療機器（ハード）をメインに提供している。既存事業を整理するための軸には，業界や事業の特性によって様々なパターンがあるが，ここでは，既存事業を可視化して新規事業拡大の方向性を検

| 図表3－4 | 既存事業の概要（医療機器メーカーの例） |

（出典）　KPMG データベース

討しやすくすることが重要である。それを出発点に，今後の新規事業の方向性を具体化する。

　図表3－5は，新規事業を具体化する3つの方向性を示したものである。1つ目は，「既存製品・サービスの高度化」であり，既存の提供価値を質的・量的に向上させることを目指す。2つ目は「価値提供領域の拡大」であり，既存事業でカバーできていない「予防」への拡大を企図する。最後に，「対象顧客の拡大」であり，既存顧客である医療機関のみならず，直接一般消費者にヘルスケアサービスを提供する，という方向性である。

図表3－5　新規事業の具体化の方向性

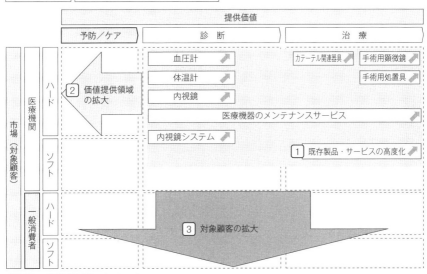

（出典）　KPMGデータベース

【新規事業領域の具体化（新規事業仮説の構築）】

　新規事業を具体化する方向性が定まった後に，スタートアップとの協業を通じて実現する新規事業のアイデアを具体化した，新規事業の仮説を構築する。この段階で意識すべき事項としては，新規事業開発担当メンバーを巻き込み，協力してアイデアを出すことなどが挙げられる。新規事業開発担当者は，常日

頃から新規事業開発のために様々な可能性を模索しており，最新技術の活用可能性に関する感度が高い。そのため，押さえておくべき技術トレンドや，事業の"筋の良さ"といった観点からも意見を得ることができる。また，実際にスタートアップへ投資し，新規事業として推進する可能性を勘案すると，早い段階で関係者と意思疎通を図ることは有益である。このような意思疎通をスムーズに実現するには，別論点ではあるが，投資判断プロセスにおいて，新規事業開発担当者とのコミュニケーションの機会を設定したり，CVCメンバーに新規事業開発担当者を加えたりすることで，そのような機会を確保することも有効である。また，業界の国内外のプレイヤーの動向をリサーチし，参考情報として活用するのも効果的である。こうした取組みが，アイデア出しの初期的なインプットになることに加え，新規事業案の差別化可能性を簡易的に検討することが可能になる。

　検討した新規事業仮説を整理したのが，**図表3－6**である。ここでは，従来どおり医療機関向けに提供する「既存製品・サービスの高度化」，「価値提供領域の拡大」を隣接領域，これまでと異なる顧客に対して提供する「対象顧客の拡大」を新規領域として整理している。「既存製品・サービスの高度化」では，血圧計や体温計をIoT化し，計測結果をデータとしてオンライン上に蓄積・分析して診断に活用するスマート医療機器の提供や，バイオ3Dプリンターを用いた臓器の生成による治療の高度化などが挙げられる。「提供価値の拡大」では，密着型のセンサから収集される心拍，筋活動等のデータを活用し，病気の予防に役立てるバイオスタンプなどが考えられる。最後に，「対象顧客の拡大」としては，一般消費者向けのウェアラブル端末と健康管理ソフトウェアの提供や，遺伝子診断キットなどが挙げられる。このように，新技術を使って，誰に，どのような価値の提供方法がありうるかを具体的に検討していく。

技術・産業領域の特定

【スタートアップ投資領域の抽出（技術・産業）】

　次に，新規事業仮説で構築したアイデアをもとに，関連する技術領域を抽出

| 図表 3－6 | 新規事業仮説（例） |

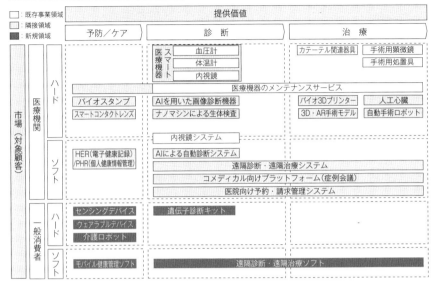

（出典）　KPMG "製薬産業の展望2030：進化から革命へ" "医療機器産業の展望2030：パ
ワープレイによってコモディティ化の罠を回避する" 及び各種公開情報等を基に
KPMG作成

する。このケースにおける産業領域はヘルスケアに限定しているが，仮に業界
横断的に検討する場合（対象顧客が，より広範に拡張しうる場合）には，対象
となる産業領域も併せて抽出する。

　技術領域を特定するに際しては，そもそもスタートアップがどのような領域
を取り扱っているか，全体観をもって把握する。有効な手段の1つとして，ス
タートアップデータベースにおける分類を参考にする方法がある。スタート
アップのデータベースは，スタートアップを業界や技術などの観点で分類し，
膨大な数のスタートアップ情報を様々な切り口で検索できるように整理されて
いる。**図表3－7**は，海外のスタートアップデータベースから48の技術分類を
抽出したリストである。このような形で技術領域の母数を網羅的に把握し，必
要に応じて分類を追加・修正することで，技術に関する候補領域のリストを作

3D Printing	Cybersecurity	Micro-Mobility
AdTech	Digital Health	Mobile Commerce
Advanced Manufacturing	E-Commerce	Mobility Tech
AgTech	EdTech	Mortgage Tech
Artificial Intelligence & Machine Learning	Ephemeral Content	Nanotechnology
AudioTech	eSports	Oncology
Augmented Reality	FemTech	Pet Technology
Autonomous cars	FinTech	Real Estate Technology
B2B Payments	FoodTech	Restaurant Technology
Beauty	Gaming	Ridesharing
Big Data	HealthTech	Robotics and Drones
Car-Sharing	HR Tech	SaaS
CleanTech	InsurTech	Space Technology
CloudTech & DevOps	Internet of Things	Supply Chain Tech
Construction Technology	LOHAS & Wellness	Virtual Reality
Cryptocurrency/Blockchain	Marketing Tech	Wearables & Quantified Self
3D Printing	Cybersecurity	Micro-Mobility
AdTech	Digital Health	Mobile Commerce

（出典）　PitchBook Data, Inc より KPMG 作成
＊　PitchBook Data, Inc の industry vertical の分類より，技術に関連する領域を抽出

成することが可能である。

　そのうえで，関連する技術領域を絞り込む。A社の場合，**図表 3 － 8** のように「人工知能（AI）」，「ビッグデータ」，「IoT」，「ロボティクス」，「3Dプリンター」，「ウェアラブル」，「AR/VR」，「SaaS」，「バイオテクノロジー」の9つの投資領域が候補となる。

【投資領域の優先順位の設定】

　技術領域を絞り込んだ後に，投資の優先順位を定める。優先順位を定めるこ

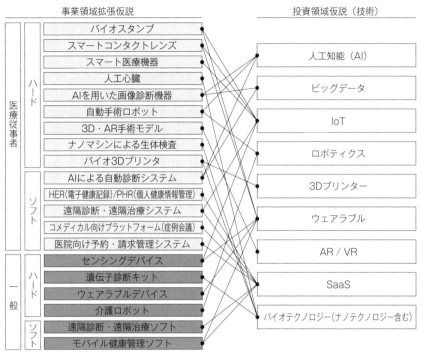

図表3−8 技術領域の特定

事業領域拡張仮説

医療従事者
- ハード
  - バイオスタンプ
  - スマートコンタクトレンズ
  - スマート医療機器
  - 人工心臓
  - AIを用いた画像診断機器
  - 自動手術ロボット
  - 3D・AR手術モデル
  - ナノマシンによる生体検査
  - バイオ3Dプリンタ
- ソフト
  - AIによる自動診断システム
  - HER(電子健康記録)/PHR(個人健康情報管理)
  - 遠隔診断・遠隔治療システム
  - コメディカル向けプラットフォーム(症例会議)
  - 医院向け予約・請求管理システム

一般
- ハード
  - センシングデバイス
  - 遺伝子診断キット
  - ウェアラブルデバイス
  - 介護ロボット
- ソフト
  - 遠隔診断・遠隔治療ソフト
  - モバイル健康管理ソフト

投資領域仮説（技術）
- 人工知能（AI）
- ビッグデータ
- IoT
- ロボティクス
- 3Dプリンター
- ウェアラブル
- AR／VR
- SaaS
- バイオテクノロジー(ナノテクノロジー含む)

（出典）KPMGデータベース

とにより，獲得を企図する戦略リターンについて，より強弱をつけて投資をすることが可能となる。優先順位をつける際の評価軸としては，投資方針との適合性と投資機会の多寡の2つが挙げられる。投資方針との適合性は，スタートアップ投資との目的適合性を判断することを意味する。例えば，図表3−6における一般消費者を対象とした事業の拡大を重視するのであれば，一般消費者を対象とした新規事業仮説と紐づく技術を優先する。または，「治療から予防へ」という方針の下，予防ビジネスへの事業範囲の拡大を企図するのであれば，予防／ケアの領域の新規事業仮説に紐づく技術の優先度が高くなる。投資機会の多寡は，優先投資すべき領域に投資機会が十分存在しているか否かを検証することを意味する。「投資方針との適合性」で戦略リターンの重要性に応じた

優先順位づけを行い，「投資機会の多寡」で現実的な投資機会の豊富さを検証する，という関係になっている。

　図表3－9は，実際にA社のケースで優先度を評価したものである。投資方針との適合性では，前述のとおり新規領域の事業仮説と，これに紐づく技術領域を「○」，それ以外を「△」としている。投資機会の多寡[2]では，グローバルのヘルスケア業界における投資実績をもとに，投資機会の多い順に「◎」「○」「△」と評価した。この2つの評価軸に沿った評価を踏まえ，優先度「高」は「SaaS」，「バイオテクノロジー」，「中」は，「人工知能（AI）」，「ビッグデータ」，「IoT」，「ウェアラブル」，「低」は「ロボティクス」，「3Dプリンター」，「AR／

図表3－9	投資領域の優先順位の設定		
	投資方針 との適合性	投資機会 の多寡	優先度
人工知能（AI）	△	○	中
ビッグデータ	△	○	中
IoT	○	△	中
ロボティクス	△	△	低
3Dプリンター	△	△	低
ウェアラブル	○	△	中
AR／VR	△	△	低
SaaS	○	◎	高
バイオテクノロジー （ナノテクノロジー含む）	○	◎	高

（出典）　KPMGデータベース

2　PitchBook Data, Inc より，グローバルにおけるヘルスケア関連のスタートアップ投資実績（2010年〜2019年）をもとに，投資件数ベースで3段階に評価（500件未満／500件以上1,000件未満／1,000件以上）。

VR」というように優先度を設定した。

地域領域の特定

投資対象を国内スタートアップに限定する場合は地域領域の設定は不要であるが，ユニコーンを筆頭とするイノベーティブなスタートアップが続々と海外から誕生していることを勘案すると，海外スタートアップへの投資はますます重要性が増すであろう。

海外スタートアップへ投資する場合にどのような地域を検討すべきだろうか。検討の順序としては，スタートアップ投資が盛んな地域を把握したうえで，自社が投資しやすい地域を選定する，というステップを踏むのが合理的である。世界中のスタートアップ投資環境を精査するには膨大な工数を要するため，まずは投資対象となりうる地域の大まかな目星をつけることから始める必要がある。有効な方法としては，スタートアップを取り巻く環境に関する国・地域ごとの調査結果を参考にする，というアプローチが挙げられる。例えば，Startup Genome と Global Entrepreneurship Network（GEN）が毎年発行している「THE GLOBAL STARTUP ECOSYSTEM REPORT」[3]というレポートでは，地域別にスタートアップエコシステムを評価し，ランキング形式で発表している。**図表3−10**は，「THE GLOBAL STARTUP ECOSYSTEM REPORT 2020」の上位30都市である。総合的に見ると，やはりアメリカ・中国の都市が多くランクインしている。その他には，イギリス，スウェーデンなどの欧州や，シンガポール，韓国などのアジアの国々が含まれている。このように，スタートアップエコシステムが発達し，豊富な投資機会が期待できる地域のあたりをつけることが第一歩となる。

候補となる地域の目星をつけた後に，重点投資地域へと絞り込む。ここで検

3　The Global Startup Ecosystem Ranking は，各都市（地域）のスタートアップエコシステムの中で，最もアーリーステージのスタートアップにとってグローバルで成功する機会があるエコシステムを，「Performance」「Funding」「Connectedness」「Market Reach」「Knowledge」「Talent」の観点から総合的に評価したランキング。

図表3－10	世界のスタートアップエコシステム上位30都市（地域）				
順位	都市（地域）名	国名	順位	都市（地域）名	国名
1	シリコンバレー	米国	16	ベルリン	ドイツ
2	ニューヨーク	米国	17	シンガポール	シンガポール
3	ロンドン	英国	18	トロント	カナダ
4	北京	中国	19	オースティン	米国
5	ボストン	米国	20	ソウル	韓国
6	テル・アビブ	イスラエル	21	サン・ディエゴ	米国
7	ロサンゼルス	米国	22	深圳	中国
8	上海	中国	23	アトランタ	米国
9	シアトル	米国	24	デンバー	デンバー
10	ストックホルム	スウェーデン	25	バンクーバー	カナダ
11	ワシントンDC	米国	26	バンガロール	インド
12	アムステルダム	オランダ	27	シドニー	オーストラリア
13	パリ	フランス	28	杭州	中国
14	シカゴ	米国	29	香港	中国
15	東京	日本	30	サンパウロ	ブラジル

（出典）　The Global Startup Ecosystem Ranking 2020

討すべき点は，「自社の定める技術・産業領域のスタートアップ投資環境は良
好か」，「自社にとって戦略的に重要な地域か」の2点である。前者は，スター
トアップの活動が盛んな都市と，自社の投資領域（技術・産業）が整合してい
るか，リサーチなどを通じて検証することを意味している。後者は，候補地域
の戦略的重要性を意味している。当該地域を自社事業の参入対象，あるいは事
業拡大対象地域として重要視しているか，という観点から優先順位をつける。
他にも，現地に自社拠点があるか，ビジネスのネットワークが構築できている
かといった観点から，スタートアップ投資の難易度を検討することも有意義で
ある。

投資手法の設計

【直接投資／LP 出資領域の設定】

　最後に，技術・産業領域を対象に，投資手法を検討する。スタートアップ投資手法には，大きく分けて，直接投資とするか，LP 出資とするかの2パターンが存在する。直接投資は，企業が個別のスタートアップに対して直接出資する手法である。LP 出資[4]は，有限責任組合員（Limited Partner）として，ベンチャーキャピタルなどによって設立・運営されるファンドを通じて間接的にスタートアップに出資する手法である。

　では，両者の投資戦略上の違いは何であろうか。注目すべき違いとしては，戦略リターン・財務リターン獲得に関する確度の違いが挙げられる。直接投資は，自社が希求する戦略リターンの獲得可能性をより細かく精査したうえで，自ら出資先を選定することができるというメリットはあるものの，戦略・財務リターン獲得の可能性は自社の目利き力に大きく依存する。一方で，LP 出資の場合は，ファンドを運営する VC が財務リターンの獲得を目指して投資先を選定しているため，VC の目利き力に支えられて財務リターン獲得の可能性は相対的に高まるものの，VC の投資判断において自社が求める戦略リターンの獲得可能性は考慮されない。こうした両者の特徴の違いを念頭に置くと，戦略リターン・財務リターン双方を追求する場合にとるべき戦略は，「LP 出資で幅広く投資領域をカバーしながら財務リターンを確定させ，直接投資で戦略リターンの獲得を狙う」となる。

　このことを踏まえ，A社のケースにおける投資領域ごとの投資手法の設計例を示したのが**図表3−11**である。A社の投資方針を踏まえ，戦略リターン獲得の優先度が高い「IoT」，「ウェアラブル」，「SaaS」，「バイオテクノロジー」の四分野を中心に直接投資を行うこととしている。その他の領域に関しては，LP 出資を通じて財務リターンを確定させつつ，広く浅くスタートアップを探

4　有限責任組合員（Limited Partner）として，主に VC 等が組成するファンドへの出資
　を通じて，スタートアップへ投資をすること。

索する。なお，LP出資先のファンドが，直接投資対象の4領域を対象としていても問題ないという趣旨で「△」としているが，あくまでLP出資先のファンドを探索する際には，LP出資対象の領域をカバーするファンドを優先する。

図表3−11 投資手法の設計

	投資方針との適合性	投資機会の多寡	優先度	投資手法	
				直接投資	LP出資
人工知能（AI）	△	○	中	-	○
ビッグデータ	△	○	中	-	○
IoT	○	△	中	○	△
ロボティクス	△	△	低	-	○
3Dプリンター	△	△	低	-	○
ウェアラブル	○	△	中	○	△
AR／VR	△	△	低	-	○
SaaS	○	◎	高	○	△
バイオテクノロジー（ナノテクノロジー含む）	○	◎	高	○	△

（出典）KPMGデータベース

　以上が，投資領域の設計手法の概要である。実際にスタートアップ投資を開始し，様々なスタートアップを探索する過程で新規事業仮説が更新され，投資領域や優先度が変化する可能性は大いにある。大切なことは，戦略構築段階でイノベーションを実現するための方向性を可能な限り具体化し，戦略リターン・財務リターン双方の獲得可能性を少しでも高めることである。

3-2 投資ポートフォリオの シミュレーション手法

［1］ 投資ポートフォリオシミュレーションの必要性

■ 投資ポートフォリオシミュレーションの有用性

　投資ポートフォリオのシミュレーションが有用となる場面は，投資計画段階と投資実行段階の2つがある。計画段階におけるシミュレーションのメリットの1つは，「自社にとってベストな投資配分方針を複数のシナリオに基づいて比較・検証ができる」という点である。抽象的に定められた投資領域に基づいて投資配分方針を決定してしまうと，そのポートフォリオが目標リターンを創出できるのか，実行可能なのか，などを検証することができず，社内の合意形成も困難になる。複数の投資配分シナリオに基づいてリスク・リターンをシミュレーションし，比較・検証することによってリスクを抑制しつつ，相対的に目標達成の確度が高い投資配分シナリオを選定することができる。もう1つのメリットとしては，「投資方針を実行可能なレベルまで具体化できる」という点が挙げられる。投資方針が曖昧なままでは，投資実行段階で具体的にどの領域に，どの程度投資すれば良いのか明確な指針を持つことができずに場当たり的になる可能性が高い。投資ポートフォリオをシミュレーションすることにより，投資配分方針を年度ごとの投資金額・件数レベルまで落とし込むなど，資金投入・回収の規模・タイミングが具体化される。これにより，投資方針が実行可能な粒度で規定され，方針・計画がより精緻に検証可能になるため，「絵に描いた餅」となるリスクを回避することができる。

　投資の実行段階では，「計画の柔軟性の確保」と「社内におけるコミュニケーションの円滑化」という2つのメリットがある。前者については，計画策定時から具体的な投資金額・件数レベルに落とし込んで予実管理をしているため，例えば，初年度の投資件数が予定を下回った場合に，残りの投資期間で目

標金額・件数の投資を実行できるか否か，といった検証が容易となる。また，後者については，具体的な投資額・想定リターンの全体像を可視化することで，CVC に所属しない社内関係者とも共通認識を持つことができ，活動の計画・進捗などに係る各方面への説明が容易となる。

［2］　投資ポートフォリオシミュレーションの手法

■ 投資ポートフォリオシミュレーションの4ステップ

計画段階において，実際にどのような手順で投資ポートフォリオをシミュレーションすれば良いのだろうか。

ポートフォリオのシミュレーションは，**図表3−12**のとおり下記の4ステップで実行する。

---

① 　投資の枠組みの確認
② 　シミュレーションの前提となる初期値の設定
③ 　配分パターンの設定
④ 　シミュレーションの実施

■ 投資の枠組みの確認

【投資の大枠を定める】

投資ポートフォリオを構築するにあたり，まず設定すべきは目標とする財務リターンである。戦略リターンを重視する場合であっても，財務リターンが全く問われない CVC はほとんどなく，まずは CVC として達成すべき目標を設定・確認することが求められる。

目標値の設定上，検討すべき指標として ROI と IRR がありうるが，いずれを主要指標として採用すべきだろうか。**図表3−13**では ROI と IRR の定義，各々メリット・デメリットを整理している。ROI は，「投資回収率」と呼ばれ，リターン創出までの期間は考慮せず，投資額に対して運用期間終了時の投資回収額が何倍になっているかを表す指標である。IRR は，「投資から得られる将

| 図表 3 −12 | 投資ポートフォリオシミュレーションの 4 ステップ |

シミュレーションの ステップ	実施すべきアクション	決めるべき事項
① **投資の枠組み の確認**	• 投資目標を明確化する 　−運営期間を通じて実現したい期待リターンの設定 • 投資金額・運用期間を定める 　−投資総額とその配分方針の設定 　−運用期間とその内訳（投資・回収期間）の設定	• 目標ROI（または目標 　IRR） • 投資総額 • 投資配分方針 • 投資期間/ 回収期間
② **シミュレーション の前提となる 初期値の設定**	• 投資額の初期値を設定する 　−「投資単価」「投資件数」の基準値の設定 • リターン期待値の初期値を設定する 　−「成功確率」「期待投資倍率」「投資回収期間」の基準値の 　設定	• 投資単価 • 投資件数 • 成功確率 • 期待投資倍率 • 予想投資回収期間
③ **配分パターン の設定**	• 投資配分方針をもとに，配分パターンを作成する 　−各領域別の比率パターンに基づき予算枠を算出 　−②の「投資単価」で予算枠を割り戻し，想定投資件数を算 　出 　−投資期間の各年に投資件数を配賦	• 投資配分パターン
④ **シミュレーション の実施**	• 検討シナリオを作成する 　−ベースシナリオに加え，検証すべきシナリオを設定 • シミュレーションを実施し，結果を比較する 　−各配分パターン・検討シナリオに合わせてシミュレーショ 　ンを実行 　−シミュレーション結果を比較検討	• 検討シナリオ • ポートフォリオ比較基 　準 • 初期的投資ポートフォ 　リオ

（出典）　KPMG データベース

来のキャッシュフローの現在価値と，投資額の現在価値が等しくなる内部収益率」であり，キャッシュフローの時間価値を考慮して年間利回りを表す指標である。VC では IRR を主要指標とするのが一般的であるが，CVC の場合にはROI が適している。それにはリターンを算出するうえで時間価値を考慮するか否かが関係している。VC では，出資者たる投資家が，早期に資金を回収し，さらに他の運用先に投資することを志向するため，IRR が重視される。IRR は，株式の保有期間が長いほど低下することから，結果として，スタートアップに対して早期の Exit を期待するインセンティブが働くのである。一方，CVC では，財務リターンのみならず，究極的にはイノベーションの創出が目的であるため，IRR を指標とすることによって中長期的な目線で戦略リターンを生み出しうるスタートアップへの投資が困難になりかねない。したがって，中長期的

図表3－13	CVC における財務リターンの目標指標

凡例　✓✓：最重要（達成目的）　✓：重要

指　標	特　徴			重視すべき指標	
	特徴・定義式	メリット	デメリット	VC	CVC
ROI Return on Investment	• 保有期間（＝貨幣の時間価値）を考慮しない $\left(\dfrac{投資回収額}{投資額}\right)$	• 保有期間の制約が無いため，長期的な視野に立って株式を保有可能	• 実質的な投資利回りを把握することが困難	✓	✓✓
IRR Internal Rate of Return	• 保有期間（＝貨幣の時間価値）を考慮している $\left(\dfrac{投資回収額}{投資額}\right)^{(1/投資期間)}-1$ ＊インカムゲインが発生しない場合	• 保有期間を考慮することにより，実質的な投資利回りを把握することが可能	• 保有期間が長期になる場合は，IRRが低下するため，可能な限り早期に株式を売却するインセンティブが働く	✓✓	✓

（出典）　KPMG データベース

なイノベーション創出に取り組むためには，保有期間の長短による影響を受けない ROI が指標として適していると言えるであろう。

　では，どの程度の水準を ROI の目標値として設定すべきであろうか。これは，前著『実践 CVC』でも紹介したとおり，国内の主要 VC ／ CVC の実績をベンチマークとすると，概ね 2 倍程度に設定されているケースが多い。**図表3－14**に示したとおり，国内外の CVC の平均的な ROI を参考にすると，1 ～1.5倍のパフォーマンスと回答している CVC がボリュームゾーンとなっている。目標水準は，各 CVC がどの程度財務リターンを重視するかに依存するが，2 倍の ROI を実現すれば，少なくとも一般的な CVC よりも高い水準を目指すということが言えるであろう。より戦略リターンを重視し，財務リターンは必要最低限実現できれば良い，という場合は，1.5倍程度の堅実な目標値を設定するというオプションもあろう。

　次に検討すべきは，投資金額・運用期間である。投資金額で検討すべき事項には，投資総額，投資配分方針の 2 つがある。投資配分方針については，具体

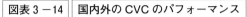

| 図表 3 － 14 | 国内外の CVC のパフォーマンス |

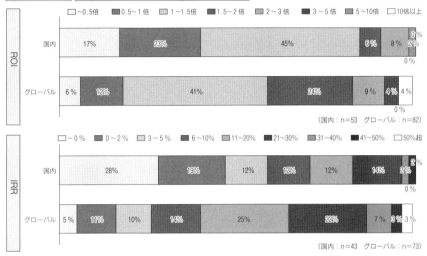

（出典） 一般財団法人日本ベンチャーキャピタル協会「我が国のコーポレートベンチャリング・ディベロップメントに関する調査研究（〜CVC・スタートアップ M&A 活動実態調査ならびに国際比較〜）」

的に，直接投資／LP 出資[5]比率，新規／追加投資比率，国内／海外比率，投資ステージ比率，1 件当たり投資上限額，といった点について検討が必要となる。まず，LP 出資により一定の財務リターンを確定させつつ，直接投資により自社事業のイノベーションを狙った「知の探索」を実施する，ということを前提に，それぞれの比重を設定する。CVC としての投資スタンスを考慮して，新規投資に絞るか，あるいは追加投資枠も検討しておくのかを設定するケースもあるであろう。例えば，ハンズオンでスタートアップへの経営支援等も前提に継続出資する可能性があれば，一定の追加投資枠を確保する。他方，追加投資は行わず，新規投資のみで幅広にスタートアップへ投資する，という方針もある。さらに，投資対象を国内とするか海外とするか，あるいは両者としてその比重を設定するケースもあるであろう。海外投資については，海外への投資意

5　有限責任組合員（Limited Partner）として，主に VC 等が組成するファンドへの出資を通じて，スタートアップへ投資をすること。

欲や海外拠点の有無などにも依存するが、海外スタートアップへの投資は、一般的には国内よりも難易度が高い。言語面の制約や、情報取得の困難さ、現地ネットワークの有無などが大きく影響するためである。VCの学術研究においても、「VCと投資先の地理的距離が離れれば離れるほど、フォローアップが十分に行き届かず、投資パフォーマンスにも影響する」という研究結果が報告されている。ただし、目指すイノベーションの実現が見込める、あるいは国内にはない技術を海外スタートアップが有している場合には、海外への投資も検討すべきであろう。ポートフォリオ構築の観点からは、海外スタートアップの投資は国内よりもリスクが高いため、国内比率を相対的に高めに設定しておくことでリスクを分散させるのが望ましい。1件当たりの累積投資上限額は、一般的に投資総額の10%～20%程度で設定するケースが多い。運用期間については、投資期間（ポートフォリオ構築期間）・回収期間を設定する必要がある。目安として、1ファンド当たりの運用期間は7年～12年程度、投資期間と回収期間を2分の1ずつ（10年の場合、投資期間：5年、回収期間：5年）として設定するケースが多い。スタートアップ投資の場合には、投資してからリターンを回収するまで、長い場合には10年近くを要するため、ファンドの運用期間も概ね10年前後で設定される。

■ シミュレーションの前提となる初期値の設定

【各種初期値を設定する】

投資の大枠を整理した後に、シミュレーションの前提となる初期値を設定する。これは、期待リターンのシミュレーションに用いる各変数の初期的な値であり、シミュレーションの蓋然性を一定程度担保するために、スタートアップ投資の実績データなどを参考に設定する。**図表3－15**で示すように、期待リターンは「投資額」×「リターン期待値[6]」で求められ、前者の投資額に関しては「投資単価」×「投資件数」、後者に関しては「成功確率」×「期待投資

---

6 投資額に対して獲得が期待できる収益の倍率。期待収益率。

倍率」という形に分解することができる。この他に，忘れてはならないのが「期待回収期間」である。「期待回収期間」とは，投資してからExitによるリターン発生までに要する期間の期待値を意味する。投資実行からリターン発生までには当然時間差が発生するため，回収期間内にリターンを創出できるか否かを検証するために期待回収期間が必要となる。さらに，この「投資単価」，「投資件数」，「成功確率」，「期待投資倍率」，「期待回収期間」，という5つの初期値を，投資ステージ・投資地域を考慮に入れつつ設定する。

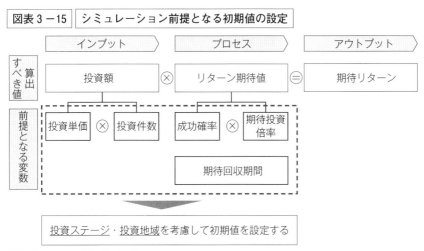

| 図表3−15 | シミュレーション前提となる初期値の設定 |

（出典）　KPMGデータベース

【「投資単価」と「投資件数」の設定】

「投資単価」と「投資件数」の設定には大きく2つのアプローチがある。まず，目安となる投資件数（投資したいスタートアップ数）が決まっている場合には，投資総額を投資件数で除し，ステージや地域ごとに傾斜をかけるアプローチがある。例えば，投資総額100億円，投資スタートアップ数を40社程度で考えているとすれば，投資単価は2.5億円が基準となる。この基準値に対して，シード＜アーリー＜レイター＜ミドル，国内＜海外，というように，投資ステージや地域によって補正をかけるのである。

次に，データベース等が活用可能な場合には，過去のスタートアップの投資実績を基に投資単価の相場を算出し，初期値として採用する，という実績ベースのアプローチがある。**図表3−16**は，2010〜19年までの10年間におけるスタートアップの投資実績を基に，投資ステージ・地域ごとの投資単価の中央値を分析したものである。例えば，日本の場合[7]には，シード：約6千万円，アーリー：約2.5億円，レイター：約5.2億円となる。日本との対比で投資単価の傾向を地域別に見ると，アメリカ，アジア，中国では高く，欧州では低い。アジアの投資単価が高いのは，スタートアップ投資に占める中国の割合が高いことが一因であることから，その他の国の投資単価を検討する際には留意が必要である。このように，実績値を基に投資単価を設定することができれば，あとは自社の投資総額と後述する配分方針を決定することにより投資件数の算出が可能となる。

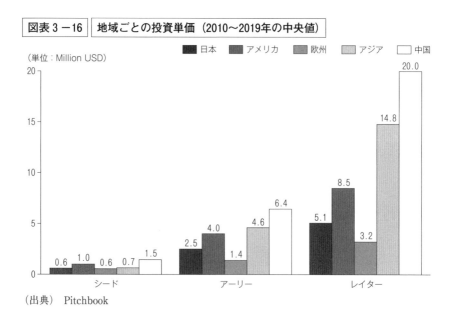

図表3−16 地域ごとの投資単価（2010〜2019年の中央値）

（単位：Million USD）

凡例：■ 日本　■ アメリカ　■ 欧州　▨ アジア　□ 中国

シード：0.6　1.0　0.6　0.7　1.5
アーリー：2.5　4.0　1.4　4.6　6.4
レイター：5.1　8.5　3.2　14.8　20.0

（出典）Pitchbook

7　1米ドル＝101円で計算。

【「成功確率」，「期待投資倍率」，「期待回収期間」の設定】

初期値を設定するうえで，基準値のイメージを摑みにくいのは，一般的には「成功確率」と「期待投資倍率」ではないだろうか。

まず「成功確率」であるが，これは投資先のスタートアップがIPO（株式公開）に至るか，M&Aを通じた売却によって，株式価値が評価されることでCVCが利益を回収する確率を指す。過去20年ほどのスタートアップ投資実績における「IPO/M&Aに至ったスタートアップ数」と「投資を受けたスタートアップ数」を比較すると，業界によって差こそあるが，IPO/M&Aに至ったスタートアップ数の比率はおおむね10％〜20％程度の水準に落ち着く[8]。因みに，シリコンバレーの著名なVCのExitにたどり着く比率は30％程度と言われており，平均的な成功確率を10％〜20％と仮定することは妥当な水準であろう。このような参考値を基に「成功確率」が，シード＜アーリー＜レイター＜ミドル，となるようステージごとに補正をかけながら設定していく。

次に，「期待投資倍率」は，各ステージにおけるExitした場合のリターンの期待値である。国内CVCの事例を参考にすると，シード・アーリー：10〜20倍，ミドル：5〜7倍，レイター：2〜3倍と設定されている。

最後に，「期待回収期間」については，前著『実践CVC』で紹介したとおり，CVC同様，スタートアップへ投資を実行するVCの平均的な回収期間が参考となる。日本の場合，シード・アーリーは5〜7年，ミドル・レイターは1〜3年での回収が平均的である。米国の場合は日本より若干長く，シードは7〜9年，アーリーは6年，ミドルは5年，レイターは2〜4年が平均的な回収期間である。

【どこまで細かく設定すべきか】

さて，ここまで各種初期値の設定について概観したが，投資ポートフォリオを構築する際に直面する課題は，「どこまで精緻に初期値を設定すべきか」と

8　Pitchbookデータ（期間：2000年〜2019年）よりKPMG分析。

いう点である。例えば，投資ステージであれば「シード・アーリー／ミドル・レイター」のように大まかに設定することもあれば，「シード／アーリー／ミドル／レイター」と詳細に設定することもある。投資ステージだけでなく，「業界」や「地域」によっても初期値は異なるため，精緻化には相当程度の幅がある。

　ここで勧めたいのは，「まずは必要最低限の粒度で構築し，必要に応じて精緻化する」というアプローチである。理由は以下の３点である。まず，必要最低限のレベルで構築することにより，素早くポートフォリオを構築・検証することが可能となり，スピード感を持った意思決定が可能となる点である。そもそもの投資ポートフォリオシミュレーションの目的は，厳密な投資計画を作成することではなく，あくまでも実行段階で修正することを前提に，計画段階で可能かつ現実的な範囲で期待リターンや投資件数・金額を具体化することにある。次に，構築・運用する際の工数の問題である。シミュレーションの精緻化が目的化されることによって管理が煩雑になり，結局，使用されないという本末転倒な事態に陥りかねない。最後に，初期値の設定の難易度が上がるという点である。初期値の設定は，基準値となる数値データの取得の難易度にも依存する。したがって，あまり細かい粒度で初期値を設定しようとしても，参考となる実績データなどが取得できないことから，細分化はしたものの，正確性が大して向上しない，という事態も想定される。こうした理由により，あまり細部にこだわり過ぎず，必要最低限の粒度でバランスを図りながらシミュレーションを実施するのが合理的である。

　具体的には，まずは，地域軸では日本／海外，投資方法では直接投資／LP出資，投資ステージではシード・アーリー／ミドル・レイター，というレベルでのポートフォリオ構築をスタート地点として検討を進めるのがよいであろう。なぜなら，これらの軸は，投資単価や期待投資倍率などに大きく差異が生じる変数となるため，すべてを同一の初期値とするのではなく，初期値が相対的に近似する単位に最低限の分解を行ったうえでシミュレーションするのが費用対効果のバランスが最も良いと考えられるためである。これを骨子に，自社のス

タートアップ投資方針に照らしてカスタマイズしていく。例えば，地域に関して，投資先候補の地域・国で投資単価の差が大きい場合には，必要に応じて初期値を精緻化するのが合理的であろう。

■ 配分シナリオの設定

【投資配分方針を具体化し，配分シナリオを作成】

シミュレーションの初期値の設定が完了したら，シミュレーションする投資配分シナリオを複数作成する。ここでは，「投資リターンのボラティリティ」と「投資の実行可能性」，この2つの検証ポイントを明確化することが重要となる。これにより，配分シナリオを作成する際に，どのパラメータを変化させるべきかを整理することができるからである。「投資リターンのボラティリティ」について，投資配分シナリオによって，当然投資リターンに大きく差が出る。例えば，ハイリスク・ハイリターンの配分シナリオ（直接投資比率，シード・アーリー比率，海外比率が高い）でシミュレーションを実施すれば，期待リターンのアップサイドが大きくなることが期待される一方で，ダウンサイドも大きくなる。こうした傾向に基づき，どの程度のボラティリティであれば許容可能か，社内で理解が得られそうか，ということを検証するのである。「投資の実行可能性」は，検討対象の配分シナリオにおける投資件数は，自社の投資実行能力（人員数×1人当たり投資可能件数）を超過するか否かを確認するものである。予算として年度ごとに投資件数を設定したものの，自社の人員体制では実現不可能だった，ということを防止することが目的である。例えば，一般的にキャピタリスト1人当たり，投資実行まで行き着く件数が年間1～2件とすると，1人が年間に10件が投資実行対象となるスタートアップを探索しなければならないような配分シナリオには現実性がないため，検討対象から除外する必要がある。実際に，当初予算で配分シナリオを検討したところ，人員数的に実現が困難であるということが判明し，最終的に投資総額そのものを見直すということになった事例もある。

では，投資配分シナリオはどのように作成すべきであろうか。**図表3－17**は

投資総額200億円，投資期間5年の場合を想定し，新規投資分について配分パターン設定のイメージを示したものである。まず3-2［2］の「投資ポートフォリオシミュレーションの4ステップ」の①の投資配分方針で定めた比率をベースに，変化させたい要素（直接投資／LP出資比率，新規／追加投資比率，国内／海外比率，投資ステージ比率）について，複数のパターンを作成する。次に，それぞれの配分シナリオについて，予算総額を各比率で配分し，予算の大枠を確定する。図表3-17では，新規投資：追加投資＝3：1，新規投資分を国内：国外＝2：1で配分している。次に各予算の大枠に対し，②で設定した投資単価を基に投資件数の目安を算出する。例えば，国内のシード・アーリーの投資額を20億円，投資単価を0.5～1億円と設定した場合，目安となる投資件数は20～40件となる。最後に，それらの想定投資件数をベースに，投資期間の年度ごとに投資件数を配分する（投資期間5年目の場合，1年目～5年

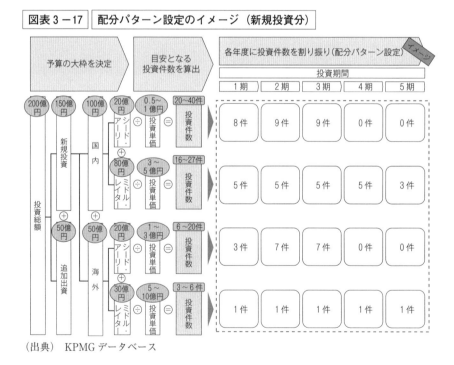

図表3-17 配分パターン設定のイメージ（新規投資分）

（出典）　KPMGデータベース

目の各年度に何件ずつ投資するかを設定）。これにより，何年目に，どの領域に，何件投資するか（投資単価を乗じれば，いくら投資するか）が定量化される。このようにして，シミュレーションの前提となる配分シナリオを設定する。

■ シミュレーションの実施

【シミュレーションに基づき有効な配分シナリオを検討】

　具体的なシミュレーションは，各配分シナリオに基づいて実施するのが望ましい。基本的な考え方は，財務モデリング等と同様に，②で設定した初期値に基づくオプションをベースオプションとし，悲観オプションなど検証すべきオプションを複数用意する，というものである。

　検討すべき配分シナリオ，オプションが確定したら，それぞれのリターンを算出する。まず，配分シナリオに基づいて設定した各年度・領域の投資額に対し，成功率・期待投資倍率を乗じて期待リターンを算出する。次に，その期待リターンが，回収期間のどの年度で顕在化するかを設定する必要がある。そのためには，「期待回収期間」をNとして，「投資実行年度＋N」年度にリターンがアウトプットされるよう，リターンのシートを設計する。これにより，期待リターンの大小だけでなく，リターン顕在化のタイミングを可視化することができるのである。

　各配分シナリオのシミュレーションが完了したら，それぞれのシナリオを比較する。比較の観点としては，「ベースオプションの期待リターンが目標値を上回るか」「悲観オプションにおける期待リターンは許容可能か」「累積キャッシュフローの黒字化のタイミングは適切か」といった点が挙げられる。このように各配分シナリオを評価することにより，最終的に最適な配分シナリオを選択することができる。

　これまで投資ポートフォリオのシミュレーション手法について解説した。ポートフォリオシミュレーションを実施することで，定量的かつ具体的な検証に堪える投資ポートフォリオの構築が可能となる。同時に，シミュレーションを通じて，投資戦略を実行に移すために必要な組織内での共通認識も形成され

る。また，複数の配分シナリオを検討することにより，前提が変化した場合に，有効な配分シナリオを複数持つことになり，戦略的自由度も確保することができる。一見，難易度が高く思えるポートフォリオシミュレーションであるが，効率的かつ合理的に実行すれば，結果的にリスクを適切に管理しながら投資予算配分の精度を高め，イノベーションの実現に向けた意思決定を後押ししてくれるというメリットを享受することができるであろう。

3-3 スタートアップソーシング

[1] スタートアップソーシングの要諦

投資にたどり着く確率は1％に満たない

ソーシングとは，元来「調達」を表す単語であり，スタートアップ投資の文脈では，投資先候補となるスタートアップを，様々な情報源やネットワークから探し出すことを意味する。戦略リターンであれ，財務リターンであれ，目指すべきリターン獲得のためには，世に数多あるスタートアップの中から，自社の投資目的に合致した投資先を探し出さなければならない。CVCのソーシングの難しい点は，ポートフォリオ組成のために，いくつものスタートアップへ投資する必要がある反面，投資対象となるスタートアップを見つけ出せる確率が低い点にある。国内のあるCVCの事例では，1年間で1,000社以上のスタートアップと接触したが，実際に投資実行に至ったのは10社であった。一般的にCVCよりも投資後の経営支援が手厚いVCの場合は，年間数千件の案件が持ち込まれるが，投資実行にたどり着くのはやはり10件程度だと言われる。ソーシング対象となるスタートアップ数に対して，実際に投資実行にたどり着くのは1％にも満たないことを頭に入れて，ソーシングを計画・実行することが重要である。

ソーシング手法の使い分けが鍵

図表3−18に示すように，ディールフローにおける最初のステップであるソーシングで，投資対象となりうるスタートアップの母集団が形成される。ここで重要な点が2つある。第1に，前述のとおり，一定の投資件数を確保するために，ソーシングの母数の最大化が必要となる。第2に，ソーシング手法の多様化が挙げられる。複数あるソーシング手法にはそれぞれ一長一短があり，数多くのスタートアップを広く浅くソーシングできる手法もあれば，母数は少ないものの1つひとつのスタートアップを深く知ることができる手法もある。具体的には，VCなどによる紹介や，アクセラレータープログラムの運営，キャピタリスト個人のプライベートなネットワークの活用など，ソーシング手法は多岐にわたる。特定のソーシング手法のみを活用したり，闇雲に他社が活用しているソーシング手法を真似したりするのではなく，各々の手法のメリット・デメリットを理解したうえで，量と質のバランスを図りながら，複数の手

図表3−18 ┃ ディールフローにおけるソーシングの位置づけ

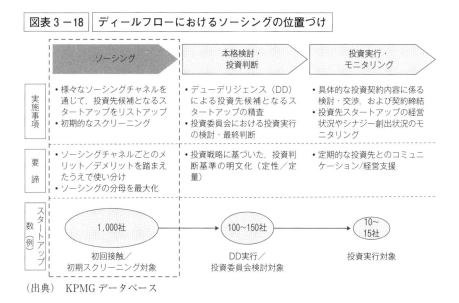

（出典）　KPMGデータベース

法を使いこなさなければならない。

［2］ スタートアップソーシングの概要

■ 主なソーシング手法

　図表3-19に主要なソーシング手法のポイントとメリット・デメリットを記載している。社外ネットワークを活用するソーシング手法には，VCからの紹介，インナーサークルや，データベースの活用などがある。また，自社が主体となる場合には，アクセラレータープログラムを運営する，などの手法も考えられる。重要なのは，それぞれのソーシング手法のメリット・デメリットを踏

図表3-19	主なソーシング手法

ソーシング手法		概　要	特　徴		ソーシング手法を選択する うえでのポイント
			メリット	デメリット	
社外ネットワークを活用	VCからの紹介	• VCがコネクションを持ち，紹介可能なスタートアップをソーシング，またはVCと共同投資を通じてソーシング(VCへのLP出資を伴う場合あり)	• VCの目利き力を活用し，財務リターン創出の可能性が高いスタートアップへの投資が可能	• 紹介可能なスタートアップが，自社CVCの目的と適合しているか検証が必要な場合あり	• VCの紹介を鵜呑みにするのではなく，自社CVCの目的との整合性を自ら検証する姿勢が必要
	インナーサークルの活用	• 現地のスタートアップエコシステムにおける影響力のあるコミュニティ（インナーサークル）にアクセスし，内部のネットワークを活用してソーシング	• 外部からではアクセス困難な優良案件にアクセスすることが可能	• インナーサークルにアクセスするには，一定の信頼の獲得が必要	• 現地に根を下ろし，インナーサークルに対して，自社CVCとして貢献し，中長期的に信頼関係を構築することが重要
	スタートアップデータベースの活用	• スタートアップのデータベースを保有している企業のサービスを活用し，投資先候補となるスタートアップをソーシング	• 様々な技術・業界・地域のスタートアップに対して，幅広くソーシングが可能	• 自社でスタートアップの絞り込みが必要 • 経営者との信頼関係の構築が困難な場合がある	• スタートアップの将来性や自社CVCの目的との適合性の判断を効率よく行うことが重要 • 特に海外スタートアップにリーチする場合，経営者とのコネクションを別途構築することが必要な場合あり
自社が主体	アクセラレータープログラム運営	• 自社でアクセラレータープログラムを運営し，参加企業を対象にソーシング	• プログラム期間を通じて，スタートアップの力量や自社戦略との親和性を，時間をかけて精査可能	• スタートアップの量・質は，自社のアクセラレータープログラムの質に依存	• スタートアップの有望性を選定する目利き力が必要 • プログラムの参加スタートアップの量・質を高めるために，大企業側のサポート体制（メンター等）が必要

（出典）　KPMGデータベース

まえ，それらを使い分けることである。例えば，スタートアップ投資の経験が
豊富でない場合は，まずは VC と協力関係を構築し，スタートアップ投資のノ
ウハウを習得しつつ，徐々に自社でソーシングの機能を拡張していく，という
方針を採ることが考えられる。自社の CVC が置かれた状況の変化や，ソーシ
ング能力の成長に合わせて各々のソーシング手法の比重を調整することが求め
られる。

ソーシングサービスの進化

スタートアップとのネットワークを構築することができていない企業にとっ
ては，前述したスタートアップデータベースを活用することで数多くのスター
トアップの探索が可能である。一方で，データベースからソーシング候補とな
るスタートアップを抽出しただけでは，投資候補先のスタートアップが CVC
の目的と適合しているか否かの検証や，実際にコンタクトを取って経営陣と直
接面談する機会を設定し，具体的な交渉を進めるような関係に至るのは困難と
感じる企業も多い。

そこで近年，スタートアップ情報をデータベースとして提供するだけにとど
まらず，利用企業に応じてカスタマイズされたサービスが増えてきている。具
体的には，データベース運営企業の担当者が顧客となる CVC の目的やニーズ
などの情報を確認したうえで実際にスタートアップへのインタビューを代行し，
情報収集するサービスや，スタートアップとのコンタクト機会を提供するマッ
チングサービスなどが挙げられる。また，自社が関心を持っている技術と保有
するアセットの情報に基づいて，AI を活用して短期間のうちに候補となるス
タートアップを推奨してくれるサービスなど，最新技術を活用したソーシング
サービスが台頭している。

ソーシングサービスも日進月歩で成長しており，ソーシング手法を定期的に
見直し，アップデートしていくことにより，自社 CVC のソーシング能力を強
化することが可能となる。

■ VC との協業を通じたソーシング

　スタートアップ投資経験が豊富ではない企業にとって，まず検討すべきなのは，VC との協業を通じた投資機会の探索である。スタートアップ投資を本業とする VC は，スタートアップの経営者や投資家とのネットワークを持ち，かつ優良なスタートアップの目利きにも長けているため，スタートアップ投資の初心者にとっては，VC の力を借りながらソーシング経験を積むことができる，という利点がある。VC との関係性を構築するには，VC が公募する投資ファンドに LP として出資するのが一般的である。

　図表 3 −20は，年間の国内組成ファンド数の推移，すなわち，国内における

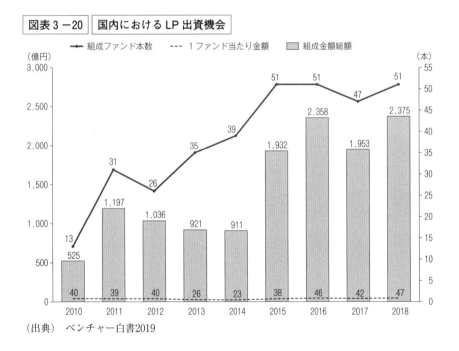

| 図表 3 −20 | 国内における LP 出資機会 |

（出典）　ベンチャー白書2019

LP 出資の機会を示している。組成ファンド数は増加傾向にあり、ここ数年は年間50本前後で推移している。国内で LP 出資の機会を探すということは、端的に言えば毎年組成されるファンドの中から、自社の投資戦略に適合したファンドを探し出す、ということと同義である。

では、どのような方法で出資先のファンドを探すべきであろうか。ファンドの組成情報は、基本的に各社のプレスリリースなど公開情報で取得可能であり、日常的にファンド組成情報を収集することが第一歩となる。ファンド組成時に、投資対象の技術・業界・地域・ステージなどに係る情報が提供されていることが多いため、これらの情報に基づいて自社の投資領域にマッチする投資先を検討することになる。例えば、自社が投資領域としてヘルスケアを特定している場合について考える。**図表 3 −21**は、2019年に設立されたヘルスケア領域のスタートアップへ投資をする国内ファンドの一覧である。ヘルスケア領域にのみ投資するファンドもあれば、ヘルスケア領域をカバーしつつ、最新技術に幅広

図表 3 −21 **国内ヘルスケア領域の LP 出資機会（2019年）**

ファンド名	ファンド概要	規模	ファンド開始日	運用期間
MPI-2号投資事業有限責任組合	・医療機器分野の国内スタートアップの育成および海外スタートアップと日本の大手企業との橋渡しを行うことで、日本における医療機器エコシステムの構築への貢献を目指す	100億円	2019/11/1	10年
DG Lab Fund II E.L.P. Cayman	・次世代技術（ブロックチェーン、人工知能、VR/AR、セキュリティ、バイオテクノロジー）を有するスタートアップが対象	200億円	2019/8/30	10年
ライフタイムベンチャーズ2号投資事業有限責任組合	・ライフタイムバリューが高く「長く愛され、存在し続ける事業」の立ち上げを目指し、下記事業のプレシード/シードラウンド～シリーズAラウンドまでが対象 -Digital Health（デジタルテクノロジーを活用した医療・介護・健康関連サービス） -Industry Cloud (Vertical SaaS, 特定業界に特化したSaaS/ PaaS等のクラウドサービス) -X-Border Japan（日本を基軸としたインバウンド/アウトバウンド関連サービス） ・1社当たり投資額：3000万円～8000万円	10億円	2019/8/13	‒
Remiges BioPharma Fund II, LP	・シード・アーリーステージの医薬品および医療機器を扱うスタートアップが対象	160億円	2019/6/1	‒
三菱UFJライフサイエンス2号投資事業有限責任組合	・創薬・創薬基盤・再生医療・医療機器等を中心としたライフサイエンス分野における国内外の成長が見込まれるスタートアップが対象	100億円	2019/2/20	12年
New Life Science 1号投資事業有限責任組合	・創薬などバイオ関連の事業に取り組むスタートアップが対象	100億円	2019/2/7	‒

（出典） INITIAL より KPMG 作成

く投資するファンドも存在する。自社が投資領域としている技術が含まれているのであれば，後者のようなファンドへの出資も有効な選択肢になりうる。このように，日常的にファンド組成に関する情報を収集して投資機会を模索しつつ，投資候補となりうるファンドの情報は個別に深堀りして自社の投資方針との適合性を判断するのが合理的である。

　ここでLP出資に関する派生効果，すなわちスタートアップ投資に係る情報やノウハウの取得という側面についても触れておきたい。LP出資を通じてスタートアップに関する情報提供を受けたり，自社の社員をVCへ出向者派遣したりすることが可能になる場合がある。情報提供が得られるという面に関して，LP出資をしている企業は，VCが目利きをしたスタートアップに係る鮮度の高い情報を得ることができ，また，出資先を探索しているスタートアップの経営者とミーティングを持つ機会が得られる場合もある。また，出向者派遣については，自社の人材がソーシングをはじめとするスタートアップ投資に必要なスキル・ノウハウを身に着けられる機会となるため，出向者派遣が可能なファンドを優先投資先とすることもソーシングの強化につながるであろう。具体的には，VCへの出向を通じて，スタートアップソーシングの実務経験・ネットワークの獲得に加え，スタートアップの投資評価，投資先スタートアップのモニタリング・経営支援などの経験を積むことができる。一人前のキャピタリストとして一通りのスキルを身につけるには，最低2～3年程度の期間を要するが，派遣目的や自社の人員事情，VC側の要件などを勘案してベストな出向期間を検討することになる。派遣対象の人材としては，将来的に自社のCVCの中核を担う若手・中堅の社員で，M&A実務などの経験や一定の財務スキルを身に着けており，スタートアップ経営者との信頼関係構築に必要なコミュニケーション能力等を備えた人材が望ましい。なお，そのような出向者派遣のためには，一定額以上の出資を求められることが多く，ファンドにもよるが，概ね10億円以上の出資を求められることが一般的である。

アクセラレータープログラムの運営

　自社が主体となって行うソーシング手法として，アクセラレータープログラムがある。**図表 3 −22**で表されるように，コーポレートアクセラレータープログラムは，コーポレートアクセラレーター，大手企業，スタートアップが三位一体で進めていくプログラムである。主催者の大手企業が内製で実施する「内製型」と，大手企業とベンチャー企業を仲介し，アクセラレーターが企画・運営する「Powered by 型」がある。

図表 3 −22	コーポレートアクセラレータープログラムの概要

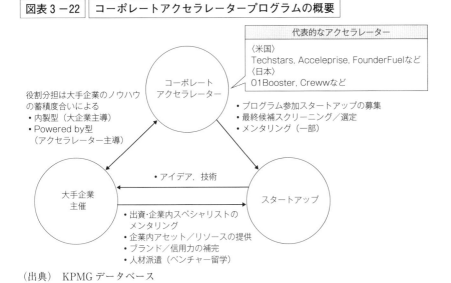

（出典）　KPMG データベース

　プログラムの準備・告知に始まり，スタートアップをスクリーニングしてアクセラレータープログラムが完了するまでに，おおよそ 1 年近くの期間を要する。

　アクセラレータープログラムを運営するうえで留意すべきなのは，期間が限定されているなどの制約から，投資実行までたどり着かないケースがある点で

ある。一方で，アクセラレータープログラムを運営することが社内人材の育成につながるという副次的な効果もある。例えば，国内食品メーカーの事例では，アクセラレータープログラムと並行して，1年間スタートアップに出向するベンチャー留学制度が実施された。自ら考えて動き，積極的な発言が求められるスタートアップのカルチャーに触れる経験は，ベンチャーマインドを醸成する観点からは非常に有益に作用した。実際にこの食品メーカーでは，その後社員が初の社内起業に挑戦するといった効果として現れている。アクセラレータープログラムの運営は，ソーシングの観点のみならず，人材育成面のメリットもある点は見逃せない。

海外スタートアップへのソーシング

　海外スタートアップへの投資は，国内投資よりもソーシングの難易度は相対的に高い。日本語で取得できる情報が限定的であるうえ，一般的に，ビジネス上のネットワークも国内に比して強固でない中，対象がスタートアップともなれば，なおさらアクセスを有している可能性は低くなる。日本からは物理的な距離もあることから，現地に拠点を有していない限りリアルタイムで情報を収集するのは困難である。また，現地に拠点を有していたとしても，相当程度の時間を費やして現地のスタートアップコミュニティ関係者との信頼関係を構築する必要がある。

　このような障壁が存在する中，各社はどのような対応をとっているだろうか。国内のCVCでは，NTTドコモや旭化成などのように現地拠点を設立するケースや，もともと現地で共同研究を行っていたパートナー企業とのつながりを活用してソーシングを開始した例などがある。一方で，現地に拠点やネットワークを持たず，ゼロからソーシングを開始した事例も存在する。データベースを活用し，自社の投資条件に合致するスタートアップを抽出・選定のうえ，候補先に直接コンタクトを試みたケースもある。また，産官学の観点から，現地のスタートアップへのアクセスをサポートしてくれるプレイヤーを抽出したケースもある。

まず，「産」の観点では，現地の VC・CVC や，インキュベータ・アクセラレータ，法律事務所やコンサルティングファームなどのアドバイザリーファームなど，スタートアップとのネットワークを有するプレイヤーを特定する。次に，「官」の観点では，経済・産業の振興を担当する省庁や行政法人などを調査し，スタートアップ関連のプログラムやイベントなどの機会を模索する。最後に「学」の観点では，現地の大学や研究機関のうち，起業家支援やスタートアップとの共同研究などを実施している機関を特定する。この中から，自社 CVC の目的や制約条件を考慮に入れて，優先的にアプローチすべきプレイヤーを抽出したのである。

■ 海外スタートアップ投資におけるインナーサークルの存在

　海外スタートアップへの投資で念頭に入れておきたいのは，インナーサークルと呼ばれるコミュニティの存在である。インナーサークルとは，VC を始めとする投資家や起業家等，スタートアップ投資の実務関係者の中でも，特に現地のスタートアップエコシステムの中でも影響力を持つと言われる，クローズドなコミュニティを指す。

　前述のとおり，データベース等を活用すれば海外のスタートアップのソーシングも一定程度は可能ではあるものの，やはりリーチ可能な情報には限度がある。そこで，現地の優良な投資先の情報を取得するための重要な手段の1つとなるのが，現地のインナーサークルに入り込むことである。

　現地のインナーサークルに入り込むためには，当然インナーサークル内の人間と接触し，信頼関係を構築することが避けて通れない。そのためには，自社のコミットメントを示し，インナーサークルの関係者に貢献できることを証明する必要がある。現地で出資の意思決定ができない日本企業がシリコンバレーを訪問して情報収集という「Take」のみに終始して，現地のスタートアップに共同開発や事業スケールを拡張するマーケティングといった連携の具体策に関する「Give」を提示しない限り全く相手にされない，という話は依然として聞かれる。

現地のインナーサークルへ食い込むためには，明確なコミットメントのもとに時間をかけて現地の関係者と信頼関係を構築する必要がある。インナーサークルにアクセスするルートは一様ではないため，多様なプレイヤーとの接点を活用してアプローチすることが肝要である。1つの方法としては，現地のインナーサークルへアクセスを有するVCへLPとして出資するのがわかりやすいコミットメントとなる。実際に出資することで，現地のスタートアップエコシステムに本気で取り組む意思があることを示すことにつながり，現地のVCを活用しつつ自社でも積極的に現地の起業家や投資家と接触し，独自のネットワークを構築していくことができる。また，VCに限らず，現地の法律事務所，会計事務所やリクルーター，あるいは大学や研究機関などのプレイヤーも，スタートアップとのネットワークを構築していることが多い。法務や会計面でスタートアップを支援している法律事務所や会計事務所は，同時に経営全般の支援も手掛けていることがある。また，現地のリクルーターは，候補者にスタートアップを紹介するにあたり，簡易的なデューデリジェンスを実施していることが多く，個々のスタートアップに関する理解も深い。こういったプレイヤーと直接的な取引や，ビジネス上の提携を行うことで，関係を構築することができるだろう。さらに，現地の大学や研究機関がスタートアップエコシステムの一部を構成していることも多く，その中で起業家向けのプログラムを提供する，共同研究の拠点を設立するなど，自ら「Give」することを通じてネットワークを構築する方法なども考えられる。このような多様なプレイヤーに対して自社が「Give」できるものを提示し，VC以外のルートからアプローチすることも同時に検討すべきである。

　加えて，現地の自社人材が，比較的中長期にわたってコミットできることも重要となる。自社の人事ローテーションの関係で，2～3年も経たずに担当者がコロコロと入れ替わってしまう状況は避けるべきである。現地の人材を雇い，現地のインナーサークルの窓口となる人材の一貫性を確保する，というのも有効な手段である。信頼関係の構築には時間を要するため，現地に根を下ろして活動する人材を配置し，必要なタイミングで出資の意思決定を迅速に行いうる

体制や権限を整備することこそが求められる。

3-4 | 投資意思決定フロー

[1] スタートアップ投資フローの全体像

　図表3−23は，スタートアップの投資フローを示している。一般的に，スタートアップの投資フローは，①ソーシング＆投資先選定，②投資検討，③デューデリジェンス（DD）＆投資実行，④モニタリング＆Exitの4つのプロセスに分類される。

図表3−23 | スタートアップに対する投資フロー

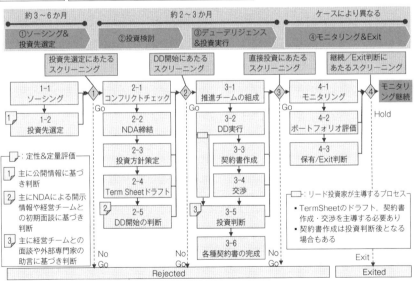

（出典）KPMGデータベース

① ソーシング&投資先選定

　最初のプロセスは，スタートアップのソーシングである。アクセラレーター
プログラム等で自社が主体となって行うか，もしくは社外のネットワークを活
用して投資領域と合致するスタートアップを探索し，コンタクトする。その後，
ソーシングしたスタートアップの初期スクリーニングを実施し，投資先候補を
選定する。初期的なスクリーニングの時点では，主に公開情報に基づいて案件
検討会議で投資先候補を選定するのが一般的である。ソーシング機会の拡大に
あたっては，１社でソーシングできる企業数には限界があることを認識し，
VCへのLP出資等を通じた外部ネットワークを活用することでソーシング機
会の最大化に努める必要がある。また，投資先の選定に際しては，初期的なス
クリーニングの段階から関係者間で事業シナジー創出の蓋然性について協議す
ることが望ましい。

② 投資検討

　投資先候補の選定後は，スタートアップが保有する知財・技術に関するコン
フリクトの有無を確認し，問題なければ秘密保持契約書（NDA）を締結して
投資検討プロセスへと進む。投資検討に際しては，想定リターン（事業&財務
面）の初期的検証に加え，投資条件（リード／フォロワー投資方針や役員派遣
方針等），Exit時期・手法等の投資方針を策定することが望ましい。方針策定
後，NDA締結を受けて開示された情報の分析や，スタートアップの経営チー
ムとの初期面談を通じて投資リターンが見込めると判断した場合には，次の
デューデリジェンスフェーズへ進む。デューデリジェンス前の段階でスタート
アップの有望度を適切に判断するのは難しく，投資リターンを見込むことがで
きると判断した場合であったとしても，DDで追加的に確認すべき事項を明確
にしておく必要がある。技術／製品が開発段階にあるシードやアーリーステー
ジにあるスタートアップに対する投資を検討するに際しては，投資判断を伴う
デューデリジェンスに移行する前に，技術／製品の事業性を見越したProof of

Concept（PoC）の実施が望ましい。PoC によってスタートアップが持つ技術／製品の有望度を検討してから投資判断している CVC もある。**図表 3 −24**は，一般的な PoC のプロセスを示している。最初の検討プロセスでは，推進チームを組成後，PoC のスコープ（スタートアップが提供する技術／製品の内容や CVC が提供するリソースの内容等）と KPI についてスタートアップと交渉し，合意後に PoC 契約を締結する。PoC 契約においては，双方が合意したスコープや，PoC 資金の支払い時期・方法，契約期間といった基本要件の定義に加え，権利・義務に関する制限事項（知的財産の帰属先等）を設定する。次の実行プロセスにおいては，検討プロセスで設定した KPI に基づいて PoC の成否を判断し，一定の成果が確認できた際は，次のステップとして投資判断に進む。

| 図表 3 −24 | PoC のプロセス |

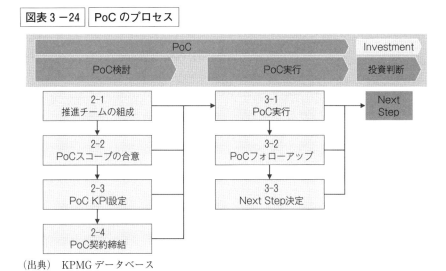

（出典） KPMG データベース

③ デューデリジェンス＆投資実行

デューデリジェンス（DD）では，スタートアップのビジネスモデル・保有技術や財務面の評価に加え，経営陣や企業に関するバックグランド評価等を実

施する。ただし，スタートアップ企業の場合には一般的な M&A の場合と異なり，そもそも形になっている情報が極めて少ない点に留意が必要である。シード期のスタートアップ企業であれば，財務諸表すら揃っていないケースも散見され，実績として計上されている詳細情報に基づいた調査には限界があることを想定しておくべきである。技術的な観点での評価にあたっては，社内で推進チームを組成して，スタートアップの技術のポテンシャルを事業部と連携して評価するのも有効である。また，専門知識が求められる財務・税務・法務 DD については，自社内に DD に精通した専門人材がいない場合には，リスクの客観的評価のために，必要に応じて外部専門家に委託することも選択肢となる。DD 実施後の投資委員会にて，投資の意思決定を行った場合，投資契約書・株主間契約書等の各種契約書をスタートアップと締結する。投資契約は，投資の前提条件を発行会社に担保させることにより，リスクを管理・回避することを目的としている。契約内容は，スタートアップと投資家の交渉力次第で変化し，リード投資家となる場合は，デューデリジェンス＆投資実行プロセスで契約書作成や交渉を主導する必要があり，フォロー投資家である場合よりも相対的に負荷が高い点に留意が必要である。

④　モニタリング＆ Exit

　スタートアップへ役員を派遣する場合，投資後は役員会への出席を通じて事業・技術動向をモニタリングする。出資額が少額で役員派遣が難しい場合であっても，スタートアップの事業・技術に係る情報受領権を確保し，動向をモニタリングできる体制を構築する必要がある。一般に，スタートアップの投資から Exit までは数年を要することから，効率的なモニタリング体制を構築するためにモニタリング KPI を設定しておくことが有効である。**図表 3 −25**は，CVC に係るモニタリング KPI の例を示している。戦略リターンの創出に向けた KPI としては，業務提携・技術提携数，新製品・新技術の開発数などがあり，財務リターンの創出に向けた KPI としては，運転資本，バーンレートなどがある。CVC 担当者には，KPI を用いながら投資先をモニタリングするととも

に，必要に応じてリソース・ノウハウといったハンズオン支援を提供しながらスタートアップの成長を後押しする姿勢が求められる。実務上は，戦略リターン・財務リターンの創出状況を定期的に評価することにより，Exit の適切なタイミングを判断することができる。

図表 3 −25　CVC のモニタリング KPI 例

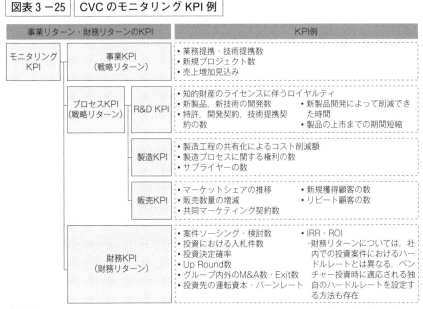

事業リターン・財務リターンのKPI			KPI例	
モニタリング KPI	事業KPI （戦略リターン）		• 業務提携・技術提携数 • 新規プロジェクト数 • 売上増加見込み	
	プロセスKPI （戦略リターン）	R&D KPI	• 知的財産のライセンスに伴うロイヤルティ • 新製品，新技術の開発数 • 特許，開発契約，技術提携契約の数	• 新製品開発によって削減できた時間 • 製品の上市までの期間短縮
		製造KPI	• 製造工程の共有化によるコスト削減額 • 製造プロセスに関する権利の数 • サプライヤーの数	
		販売KPI	• マーケットシェアの推移 • 販売数量の増減 • 共同マーケティング契約数	• 新規獲得顧客の数 • リピート顧客の数
	財務KPI （財務リターン）		• 案件ソーシング・検討数 • 投資における入札件数 • 投資決定確率 • Up Round数 • グループ内外のM&A数・Exit数 • 投資先の運転資本・バーンレート	• IRR・ROI −財務リターンについては，社内での投資案件におけるハードルレートとは異なる，ベンチャー投資時に適応される独自のハードルレートを設定する方法も存在

（出典）　KPMG データベース

　スタートアップの投資検討から投資実行に至るまでの投資意思決定プロセスは，通常であれば約 2 〜 3 か月と，M&A や設備投資の意思決定との比較では圧倒的にスピードが速い。CVC の投資意思決定にはスピード感が必要であるため，迅速な判断に向けた投資委員会の構成や，投資判断基準の策定が求められる。

［2］　投資判断の迅速化に向けた投資委員会の構成

　投資委員会では，デューデリジェンスで確認された内容を踏まえつつ，策定

した投資判断基準に基づいて最終的な CVC としての投資意義を検討のうえで投資意思決定を行う。投資検討から投資実行まで2～3か月と，CVC ではスピード感が求められるため，投資委員会は意思決定を迅速化するために関与者を限定する必要がある。ベンチャーキャピタル（VC）の投資委員会の場合には，ジェネラル・パートナー（以下，「GP」）の責任者である社長，執行役員，役員に加え，外部出資者であるリミテッド・パートナー（以下，「LP」）の管理者など，数名程度で構成されることが多い。CVC の場合も VC と同様に，投資委員会の構成人数を絞り込むことで迅速な意思決定を可能とする体制を構築するのが望ましい。

図表3－26は，CVC 固有の投資委員会の組織構成パターンを示している。パターン①に示す CVC 担当部署主体の投資委員会の場合，社長・執行役員等の取締役メンバーに加え，CVC 担当者など数名程度で構成される。素早い意思決定が可能である他，投資領域に沿ったディスラプティブな技術・ビジネス

図表3－26 投資委員会の組織構成パターン

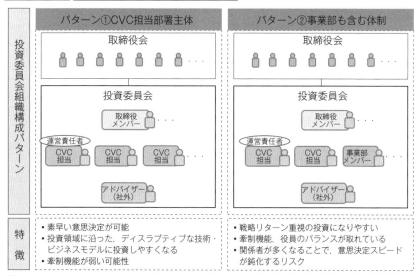

（出典） KPMG データベース

モデルに投資しやすい，といったメリットがある。一方で，投資意思決定に事業部の関与が少なくなることで，事業シナジー創出の実現性が低いスタートアップへの投資牽制など，牽制機能が弱くなる，といったデメリットがある。パターン②に示す事業部も含む投資委員会の場合，社長・執行役員等の取締役メンバーと CVC 担当者に加え，事業部メンバーなど数名程度で構成される。事業部も含む体制にすることで，戦略リターン重視の投資になりやすい他，牽制機能も担保できるといったメリットはある。一方で，関係者が多くなることで意思決定スピードが鈍化するリスクもある。組織構成にあたっては，パターン別のメリット・デメリットとスタートアップ投資の目的を勘案し，投資委員会のあるべき姿を検討するのが望ましい。なお，投資委員会の意思決定にあたる決議方式には，一般的に全会一致と多数決の 2 つのパターンがある。全会一致の場合，多数決と比して，投資委員の中で発言力の強いメンバーの意見に全体が流される可能性があることから，各自が意見を主張しやすい多数決を選択することが望ましい。

3-5　投資契約実務

［ 1 ］　スタートアップとの投資契約に関連して必要となる書類

　図表 3 －27は，スタートアップとの投資契約に関連して必要となる書類を示している。スタートアップの投資契約にあたっては，一般的に① Non-disclosure agreement（秘密保持契約，略称：NDA），② Term Sheet（タームシート），③ Subscription Agreement（投資契約書），④ Shareholders' Agreement（株主間契約書）の 4 つの書類が用いられることが多い。

①　NDA（秘密保持契約）

秘密保持契約は，自社の秘密情報を他の企業に提供する際に，他社に漏洩し

図表3-27	スタートアップ投資に係る主な書類

1 NDA （秘密保持契約）	・NDAは，自社の機密情報を他の企業に提供する際に，不正に利用されたりすることを防止するために結ぶ契約であり，自社の情報を開示する前に締結するのが一般的
2 Term Sheet （タームシート）	・投資条件を誠実に交渉し合意するためのスターティングポイントとして，投資契約内容における主要条件を簡易的に記載した書面 ・タームシート上において調整された事項も投資契約書に適切に反映されなければ契約としての効力は生じないことに留意が必要
3 Subscription Agreement （投資契約書）	・投資家が株式取得する際の投資実行条件を定めた契約書であり，これから投資をする投資家と発行会社が契約当事者となる ・タームシートで大枠が決まった後，投資契約について交渉を行い，合意に至れば投資契約を締結する
4 Shareholders' Agreement （株主間契約書）	・株主間契約は主として投資を実行した投資家（創業主等の既存株主も含む）の間で権利行使や株式の扱いなど株主同士の権利義務等を取り決めたもの

（出典）　各種資料より KPMG 作成

たり，不正に利用したりすることを防止するために締結する契約である。通常は，自社の情報を開示する前に締結するのが一般的であり，投資先候補の選定後，投資検討プロセスへの移行前に締結する。

② Term Sheet（タームシート）

　タームシートは，投資条件を誠実に交渉し，合意するためのスターティングポイントとして，投資契約内容に関する主要条件を簡易的に記載した書面である。投資契約交渉において，いきなり契約書一式の素案が作成されることは稀であり，タームシートのやりとりを通じた交渉で重要箇所について概ね合意に達した後に，契約書案が提示される。ただし，タームシートは契約書ではないため，タームシート上で調整された事項であっても，投資契約書に適切に反映

されない限り契約としての効力は生じない点に留意が必要である。

③　Subscription Agreement（投資契約書）

　タームシートで大枠が決まると，投資契約の具体的な内容について交渉し，合意に至れば投資契約を締結する。投資契約書は，投資実行条件を規定することでリスクを管理・回避することを目的としており，これから投資をする投資家と発行会社が契約当事者となって株式を取得する際の投資実行条件を定める文書である。例えば，投資家に事前に提出した財務諸表が正しいことなど，一定の事項を投資家に表明し，保証する事項や，投資契約を締結してから払込みまでの間に後発事象が生じていないことなどを投資の実行条件として規定することにより，発行会社と投資家との間で衝突が起こるリスクを最小限に抑えることができる。

④　Shareholders' Agreement（株主間契約書）

　投資契約が投資を実行するまでの条件を中心に定めたものであるのに対し，株主間契約書は，投資を実行した投資家間で，投資実行後の権利行使や株式の扱いなど，株主同士の権利義務を取り決めたものである。

［2］　投資契約書作成・締結の論点

　スタートアップとの投資契約に関連して必要な書類の中でも，投資契約書は株式を取得する際の投資実行条件を中心に定めた契約であり，投資家・創業株主間の調整のみで内容を確定することができる場合が多いため，柔軟かつ多岐にわたる内容を織り込むべきである。**図表3－28**は，スタートアップの投資契約書を作成・締結する際の論点を示している。投資契約書の作成・締結においては，①投資経済価値の確保，②エグジット確保，③ガバナンス・モニタリングの確保，④投資先創業者／従業員のリテンションの4つの視点が重要である。

図表 3 −28　投資契約書を作成・締結する際の論点

	主な条項	契約における留意点
⓪ Fundamental Financing Information 投資の基本条件	・0-1: 投資額/ 発行価格 ・0-2: 目標クロージング日 ・0-3: 契約終了条件 ・0-4: 費用負担 ・0-5: 秘密保持	・基本条項に抜け漏れが無いか確認が必要
① Protection on Financial Value of Investment 投資の経済的価値の確保	・1-1: 残余財産の優先分配 ・1-2: 優先配当 ・1-3: 取得請求権 ・1-4: 希釈化防止条項 ・1-5: 新株引受権	・残余財産の優先分配の検討にあたっては優先分配倍率・参加/非参加・分配順序の基本方針の策定が必要 ・PaytoPlay条項が無いことの確認：Pay to Playがある場合, ➤後続ラウンドで追加投資をしない場合に優先株が普通株に転換 ・既存投資家をダウンランド時に希釈化から保護する希釈化防止条項および新株発行時に既存株主に引き受ける権利を与える新株引受権は通常含まれる権利
② Protection on Exit opportunity エグジットの確保	・2-1: 共同売却権 ・2-2: 強制売却権 ・2-3: 登録請求権	・経営株主が株式を第三者に売却する場合に, 投資家も自己の保有株式を当該第三者に売却できる権利である共同売却権は通常付与され, Exitの権利として重要 ・投資先の株式売却に際して, 一定の条件を満たす状況で, 投資家が他の株主に対して第三者への保有株式の売却を請求できる権利である強制売却権は交渉難
③ Protection on Governance & Monitoring ガバナンス・モニタリングの確保	・3-1: 議決権 ・3-2: 取締役指名権 ・3-3: オブザーバー参加権 ・3-4: 情報提供請求権 ・3-5: 事前同意事項・拒否権 ・3-6: 先買権 ・3-7: 表明と保証	・取締役指名権・取締役会へのオブザーバー参加権・情報提供請求権取得のため株式数・比率が設定される場合あり。情報提供請求権はガバナンス上必須 ・取締役として知り得た情報を利用する場合には, 別途個別同意が必要 ・事前同意事項・拒否権は事業会社と競合する株主や取引先との関係が論点 ・経営株主が第三者に保有株式を売却する際に, 先に既存投資家に対して買取りを打診する先買権は中長期的なスタートアップ買収に向けて重要
④ Retention of Founders & KeyEmployees 創業者・従業員のリテンション	・4-1: 譲渡制限 ・4-2: ストックオプション ・4-3: 守秘義務・競業避止	・KeyPersonの株式売却を制限する仕組み等の検証が必要 ➤譲渡制限やストックオプションは事前同意事項・拒否権に含めて検討する場合もあり

左端縦書き: 財務リターン / 事業リターン

（出典）　各種資料より KPMG 作成

①　投資経済価値の確保

　投資経済価値の確保という観点からは，財務リターン確保のために，主に残余財産の優先分配，優先配当，希釈化防止，普通株式の転換，新株引受権等の条項を投資契約書内で規定するのが一般的である。

【残余財産の優先分配】

　残余財産の優先分配とは，会社を解散・清算した場合に残った財産（残余財産）を分配する際の優先権について取り決めるものである。残余財産の優先分配の検討にあたっては，分配倍率・参加／非参加の基本方針を策定する必要が

ある。分配倍率とは，当初投資金額に対する残余財産の分配倍率（1倍であれば，投資額と同額を優先的に分配してもらう）を意味する。参加型とは，優先株主が優先分配される金額を受領後，残余の分配可能額からも追加的に配当あるいは分配を受け取ることができる方法であり，非参加型は，これができない方法である。日本のスタートアップ投資では，「1倍・参加型」が一般的である。また，残余財産の優先分配の規定に関しては，発行会社にM&Aが生じた場合に，会社を清算したものとみなして投資家に分配することを，別途株主間契約書で定める「みなし清算」条項を規定しておくことが重要である。なぜなら，残余財産に関する優先分配単体の規定では，発行会社が清算した際には効力があるものの，M&Aのような株式の譲渡等による場面では，残余財産の分配ではないことから効力が及ばないためである。優先分配を会社清算のケースに限定して「みなし清算」条項を規定しない場合，通常は会社清算時点で残余財産が十分残ることはないため，単体の規定では意味をなさないことが多い。

【優先配当】

優先配当とは，剰余金を株主に配当する際の優先権について規定するものである。優先配当を検討するに際しては，基本方針として累積型を採るのか，非累積型を採るのかを決めておく必要がある。累積型とは，ある事業年度における配当の未払分を翌期以降に繰り越し，累積していくことを意味する。これに対して非累積型は，配当の未払分を翌期以降に繰り越さないことを意味する。累積型の方が未払い分を繰り越して配当を受領することができるため，投資家側のメリットは大きいが，一般的にスタートアップが株主に剰余金の配当を行うこと自体が稀である点には留意が必要である。

【取得請求権】

取得請求権とは，投資家が保有する種類株式を普通株式に転換することができる権利について規定するものである。日本では上場前に種類株式を普通株式に転換するのが一般的である。実務上，上場時に種類株式を残したまま普通株

式の上場申請を行うことが困難であることから，当該権利が行使される。通常，種類株式１株に対して付与される普通株式の株式数（以下，「転換比率」）は１株とされるが，後続の投資家が当該種類株式の１株当たり払込金額を下回る金額で株式を引き受けた場合には，当該種類株式の株式価値を下落させないために，転換比率を引き上げることで株式価値の希釈化を防止する条項（以下，「希釈化防止条項」）が規定されることがある。

【希釈化防止条項】

　希釈化防止条項とは，先行するラウンドの発行価格よりも低い価格で新たに株式等が発行（ダウンラウンド）される場合に，既存の投資家を希釈化から保護する規定であり，投資契約書内で記載されるのが一般的である。具体的には，ダウンラウンドが生じた場合には，投資家が取得請求権を行使した際の転換比率を引き上げ，転換時により多くの普通株式が手に入るように調整することにより，持株比率の希釈化を防止する。転換比率については，下記の算式を基準とする。

> 転換比率＝種類株式の１株当たり払込金額／転換価額

　転換価額は，種類株式が発行された当初においては種類株式の払込金額と同額であるが，希釈化防止条項は，当該転換価額を減額調整することで転換比率を高めるものである。転換価額を減額する際の調整方法には，フルラチェット方式と加重平均方式がある。フルラチェット方式とは，ダウンラウンドにおける新規発行株式数を考慮せず，転換権が付された優先株式の転換価額を当該低額な発行価額と同額に変更する仕組みである。一方で，加重平均方式とは，ダウンラウンドにおける新規発行株式数を考慮する方式であり，当初の株式の発行価額とダウンランドにおける低額な株式の発行価額とをそれぞれの発行株式数で加重平均した値に変更する仕組みである。加重平均方式は，ストックオプションなどの潜在株式を計算式に算入するか否かによって，さらにブロードベース方式（算入する場合）とナローベース方式（算入しない場合）に分類さ

れる。希釈化防止条項による調整は，フルラチェット方式，ナローベース加重平均方式，ブロードベース加重平均方式の順にその転換価額の減額調整は高くなり，転換比率も高いものとなる。

【新株引受権】

新株引受権とは，投資先企業が株式を新規発行するには，既存の投資家に対して優先的に引受けの機会を付与するものである。その時点における投資家の持分割合に応じて，株式の引受けを請求することができる権利を規定するケースが一般的である。投資家にとっては，新株引受権を設けることで自身の持株比率を維持し，IPO や M&A 等の Exit における財務リターンを確保できる点にメリットがある。

② Exit の確保

Exit 手段を確保するという観点からは，共同売却権や強制売却権による Exit 権利の担保が求められる。

【共同売却権】

共同売却権とは，ある株主が株式を第三者に売却する場合に，投資家も自身の保有株式を当該第三者に売却することができる権利を指す。共同売却権の対象となる株式は，創業株主が保有している株式に限定される場合もあれば，他の株主が保有している株式を含める場合もある。ただし，一般的には対象を創業株主に限定し，支配権の異動が生じる際に発動される形をとることが多い。投資家の Exit 手段を担保する権利として重要であるが，当該条項は義務ではなく権利であるため，投資家は必ずしも権利を行使する必要はない。

【強制売却権】

強制売却権とは，一定の条件を満たすことを前提に，投資家が保有する株式を第三者に売却することについて，他の株主に請求することができる権利を指

す。強制売却権は，投資先の業績不振を理由に投資家がM&A等で損切を試みる際に，創業株主がこれに応じないケースを想定して検討されるExit手段である。ただし，創業株主の立場からすると，強制売却権は，意図しないタイミングでの売却可能性を意味することから，強く抵抗される場合が多く，権利行使に際しては，下記の例に示す制限を求められることが多い。

（ⅰ） 資本多数決による制限　例：株主の過半数の賛同を必要とする　等
（ⅱ） 行使開始日に係る制限　例：上場目標時期の一定期間後にする　等
（ⅲ） 譲渡対価の下限値設定による制限

【登録請求権】

登録請求権とは，米国のスタートアップに対する投資の場合に規定されることが多い権利で，Exit手段を担保するために，投資家が証券市場で保有株式を自由に売却することができるように，投資先に対して，発行株式をSEC（米国証券取引委員会）に登録するよう請求することができる権利を指す。

③　ガバナンス・モニタリングの確保

ガバナンス・モニタリングを確保する観点からは，スタートアップの経営の自由度を担保しつつガバナンスを効かせるために，議決権，取締役指名権，オブザーバー参加権，情報提供請求権，事前同意事項・拒否権，先買権，表明保証等の条項が投資契約書内で規定されるのが一般的である。

【議決権】

ここでいう議決権は，株主総会における優先株主の議決権を定義する規定である。通常は，普通株式と同様に株主総会における議決権を1株につき1議決権とする場合が多い。種類株式を発行している会社は，決議内容に応じて種類株主のための種類株主総会の開催が求められる場合があるが，実際には定款で省略規定を設けておく事例が多い。

【取締役指名権】

取締役指名権とは，投資家が指名する取締役を発行会社に派遣することができる権利を指す。取締役指名権は，リードインベスターによって要求される例が見られるが，取締役として派遣すべきか，オブザーバー出席で足りるとするかは検討が必要である。仮に取締役に就任した場合には，発行会社に対して忠実義務を負うことになる。したがって，自身が所属する組織の利益と発行会社の利益が相反する事案が生じた場合に，発行会社の利益を意識した行動を取ることが求められる点に留意が必要である。

【オブザーバー参加権】

オブザーバー参加権とは，投資家が指名する者を発行会社の取締役会その他の重要会議に参加させることができる権利を指す。取締役を指名しない場合には，オブザーバー参加権を規定に基づいて，発行会社の情報の取得やモニタリングを可能にしておくことが望ましい。取締役は，会社法上の役員として発行会社との関係が定められているが，オブザーバーは，発行会社や投資家によってその位置づけが異なっている。オブザーバーは，直訳すると傍聴者であり，本来は発言権が与えられていないと考えるのが自然であるが，実際にはオブザーバーが株主の利益を代表して発言することも多い。

【情報提供請求権】

情報提供請求権とは，株主が日々変化する発行会社の経営状況を把握することを目的として，発行会社に情報提供（四半期決算書，取締役会資料等）を要求することができる権利を指す。通常は，すべての投資家が情報提供請求権を要求する。

【事前同意事項・拒否権】

事前同意事項・拒否権とは，発行会社の一定の決定事項について，投資家に対する事前通知と承認の取得を義務として課すことを指す。事前同意事項は，

株主による承認を条件とすることで実質的な拒否権となることから，経営の機動性を確保する観点からは可能な限り避けるべきである。仮に設定する場合には，適用範囲を限定し，あわせて全株主ではなく一定数の優先株主による承認で足りるようにしておくことが望ましい。設定される事前同意事項としては，下記の例が挙げられる。

（ⅰ）　独占ライセンスの付与，重要資産の売却
（ⅱ）　会社の清算
（ⅲ）　一定金額以上の債務の負担
（ⅳ）　定款変更
（ⅴ）　発行会社の創業者・経営株主の持ち株の譲渡・担保設定・処分　等

【先買権】

　先買権とは，ある株主が第三者に保有株式を売却する際に，それに先立って契約当事者の投資家に対して買取りを打診することを定めた権利を指す。対象となる株式は，創業株主が保有している株式に限定される場合もあれば，投資家が保有している株式が含められる場合もある。一般的には，共同売却請求権と組み合わせて規定することが多い。

【表明保証】

　表明保証とは，一定の時点において一定の事項が真実かつ正確であることを表明し，その表明した内容を保証することを指す。デューデリジェンスを実施したとしても，投資家が発行会社を完全にチェックするのは困難であるため，それを補完する目的で発行会社から表明保証を得るのが一般的である。規定にあたっては，範囲を可能な限り合理的なものに限定することが望ましく，下記の例が挙げられる。

（ⅰ）	創業株主は他の法人又は団体における兼職，兼任がないこと
（ⅱ）	法令等の違反が存在しないこと
（ⅲ）	反社会的勢力等との関係がないこと
（ⅳ）	必要資料の提出が適正に行われたこと等

④　創業者・従業員のリテンション

創業者・従業員のリテンションの観点からは，戦略リターンを確保することを目的として，株式の譲渡制限，ストックオプション，守秘義務・競業避止等が投資契約書内で規定されるのが一般的である。

【譲渡制限】

譲渡制限は，創業者やCTO等の幹部社員が保有する株式の譲渡制限を規定する条項である。譲渡制限を課すことにより，株主の事前承認なく創業株主や取締役を失うリスクを回避することで経営の安定化に繋げるのが趣旨である。

【ストックオプション】

ストックオプションは，発行会社が優秀な人材を確保するための手段として役職員に対して付与される。従業員向けのストックオプション発行に関するフレキシビリティを持たせるため，投資先企業株式の10％から20％程度の枠をストックオプション用に確保しておくことを経営陣から投資家側に求める例が多い。

【守秘義務・競業避止義務】

投資先の創業者や従業員に対して，守秘義務や競業避止義務を課す規定を設けることを指す。通常は，在任中や退任後の一定期間は競合する事業を自ら行ったり，競合他社に参画したり，といったことを禁止する旨を記載する場合が多い。

3-6 キャピタリストの報酬制度

［1］ 戦略リターンと財務リターンで異なる報酬制度の考え方

　キャピタリストの報酬は，給与・賞与と業績連動報酬で構成されるのが一般的である。給与・賞与は，キャピタリストの投資活動に対する報酬であり，業績連動報酬は，投資先（スタートアップ）に係るキャピタルゲインを原資とした報酬である。したがって，CVCの目的を，戦略リターンの創出と財務リターンの創出のどちらに重点を置くかにより，給与・賞与と業績連動報酬の比重は異なる。戦略リターンの創出を重視する場合には，有益なスタートアップの発掘から事業部との連携に至るまでの一連の投資活動が重要となる。業績連動報酬を重視すると，事業シナジーの創出よりもキャピタルゲインの獲得を優先したスタートアップ投資が行われる傾向にあるため，給与・賞与の比重を高くするのが一般的である。一方で，財務リターンの創出を重視する場合には，給与・賞与に加えてキャピタリスト個人へ還元する仕組みを整備しながら業績連動報酬を設定している。

［2］ 給与・賞与・業績連動報酬の仕組み

　CVCでは，親会社の報酬制度とは異なる独自の報酬制度を採用しているケースが一般的である。報酬制度はCVCの体制とも関連しており，キャピタリストの人数が限定的でフラットな場合には，過去の実績や個人の能力に応じた給与水準が採用される。製造系のCVCでは，外部のキャピタリストを登用するためにこうした形式が採用されている。なお，給与水準は，年間の評価に基づいて毎年見直される。給与を決定する評価基準は各社各様であるが，例えば，年間の投資件数や事業部への紹介件数といった定量的な指標や，有用なスタートアップとのネットワーク構築といった定性的な観点が用いられる。賞与に関しても，CVC全体の活動状況と個人の貢献度を踏まえ，年に1〜2回支給さ

れる形式が採られている。なお、キャピタリストではなく、CVCの統括責任者や親会社とのパイプ役として派遣された出向者については、親会社の報酬制度が適用されているケースが多い。

　一方、キャピタリストのポジションを複数に分け、階層化された体制が採られている場合には、ポジションごとに給与・賞与が定められている。当然のことながら、給与や賞与は、キャピタリストの昇給に応じて変動する。昇給の有無を左右する評価基準は、ポジションごとに定められているソーシング件数などの行動評価が中心である。上位のポジションでは、投資先の業績といった成果指標がより重視され、下位のポジションでは、ドキュメンテーションや財務分析スキルといったハードスキルが重視される。

　いずれのケースでも、継続的なCVC活動のためにはCVCの目的に即した独自の報酬制度が重要である。また、報酬の決定要因の1つである評価制度の在り方についても工夫が必要である。

　業績連動報酬の多くは、投資先がIPOやM&Aなどを通じてExitした場合のキャピタルゲインを原資としてキャピタリストへ支給される報酬であるため、報酬の多寡は、投資先の業績と相関関係がある。各キャピタリストへの配分比率は各社で異なるが、キャピタルゲインの2～3%をキャピタリストに対する支払い報酬の原資として担当者間で配分するのが一般的である。担当者のポジションに応じて配分比率が定められているケースや、ポジションと個人の貢献度を考慮して配分するケースなどがある。

3-7 | 株式評価フロー

［1］ 株式評価フローの策定

■ 株式評価フローの策定に際して整理すべき事項

　直接投資株式に係る公正価値の測定方法としては，投資額の重要性に応じて，「原則法」と「簡便法」のアプローチがある。ここでいう投資額の「重要性」は，一義的には，現状運用されている経理規程等を踏まえて，「投資額がXX億円以上は重要性がある」，と量的（金額）基準によって重要性の基準値を設定することが考えられるが，質的側面（例えば，戦略上重要な投資，今後も同業種案件への投資が想定される場合，など）も判断材料として加味することが望ましい。また，会社の外部・内部環境に大きな変化がない場合には，継続的に同一の判断基準を適用するなど，可能な限り恣意性を排除することが重要である。

【原則法の適用事例】

　原則法とは，投資先の事業ステージ，直近のファイナンス，同様の売買事例の有無に応じて公正価値を評価するアプローチである。具体的に説明するために，以下の事例を紹介したい。

　・客観的に測定可能な時価が存在している場合

　評価対象株式が以下の場合には，客観的に測定可能な時価（取引価格）が存在しているため，当該時価（取引価格）に基づいて評価している限りにおいてはそれほど複雑なものとはならない。具体的には以下の3つのケースがある。

　①　上場している場合：市場価格が参照可能

　②　株式売却の蓋然性が高い場合：IPOを予定している場合には公募価格が参照可能であり，また第三者への譲渡を予定している場合には1株当たり

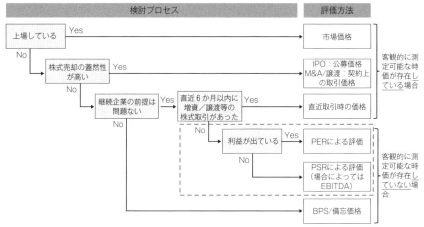

図表 3 −29　原則法による評価プロセスの適用事例

検討プロセス / 評価方法

上場している → Yes → 市場価格

No → 株式売却の蓋然性が高い → Yes → IPO：公募価格 M&A/譲渡：契約上の取引価格

No → 継続企業の前提は問題ない → Yes → 直近6か月以内に増資／譲渡等の株式取引があった → Yes → 直近取引時の価格

No / No → 利益が出ている → Yes → PERによる評価

No → PSRによる評価（場合によってはEBITDA）

→ BPS/備忘価格

客観的に測定可能な時価が存在している場合

客観的に測定可能な時価が存在していない場合

（出典）　KPMG 作成

の譲渡価格（投資先より入手）が参照可能

③　直近で増資や株式譲渡の取引があった場合：直近取引時における 1 株当たりの増資・譲渡価額（投資先より入手）が参照可能

・客観的に測定可能な時価が存在していない場合

やや複雑となるのは，客観的に測定可能な時価（取引価格）が存在しない株式（**図表 3 −29**の点線囲み部分）についてである。こうした株式については，予想／実績 PER（Price Earnings Ratio：株価収益率），予想／実績 EBITDA 倍率[9]，予想／実績 PSR（Price to Sales Ratio：株価売上高倍率）[10]による評価を採用する。留意点としては，以下の 3 点が挙げられる。

ⅰ．類似企業の選定

ⅱ．評価倍率に使用する業績指標

ⅲ．投資先の着地見込み・中期計画の精度の検討

9　減価償却費が大きい会社に適した評価方法。

10　スタートアップやベンチャーなど，黒字化していない会社に適した評価方法。

（ⅰ）　類似企業をどう選定するか？

　　株式の評価に際しては，類似上場企業の株価指標を参照することになるが，類似企業の選定にあたっては，事業活動・対象としている市場・規模などの点で投資先と類似しているかどうか，端的に言えば同一のセクターに属しているかどうかを勘案する。これは，同一のセクターに属する企業であれば，リスクや成長性，キャッシュ・フローの特性が類似するであろうという仮定に基づいたものである。したがって，投資先と比較対象とする企業との間に重要な相違がある場合[11]には，個別に調整することが好ましい。

　　また，恣意的な選定を排除するためには，投資決定時に選定した企業を継続的に比較対象とする必要があるが，合理的な理由（例えば，ビジネスモデルの大幅な変更）がある場合には，適宜見直すことが好ましい。

（ⅱ）　評価倍率として使用する業績指標は実績値と予想値のどちらがよいか？

　　投資先であるスタートアップ企業は，将来において業績の急拡大を見込んでいるケースが多いこともあり，ある程度信頼性の高い情報を入手することができる場合には，実績値よりも将来予測値の方が有用である。一方で，将来予測値を使用するためには，比較対象企業と投資先の業績指標に係る見積りが妥当か否かを評価者が慎重に検討する必要がある（次項参照）。

（ⅲ）　対象企業の着地見込み・中期計画の精度をどう検討するか？

　　最も難易度が高いのがこの点である。着地見込み・中期計画は，一義的には投資先のマネジメントが策定するものであるが，株式を評価するに際しては，評価者の視点で財務数値の蓋然性を客観的に確認することが求められる。この作業は，投資先・対象事業に関する深い理解と，投資先マネジメントとの意見交換，財務数値に関する様々な角度からの分析が必要となる点で相応のスキルを必要とする。

　　具体的には，**図表3－30**に示す分析が必要であり，場合によっては着地

11　例として，規模（売上・資産），利益水準，成長率，製品範囲・顧客ベースの多様性，主要マーケット，借入水準などの相違が挙げられる。

	主要項目	検証ポイント
a	過去実績との整合性	■ 過年度の損益構造と平仄の合った事業計画となっているか？ ■ 過年度の損益変動の理由・背景は把握できているか？ ■ 過年度損益に一時的な損益が含まれていないか？
b	過年度における予算の達成度	■ 予算策定のプロセスは？（トップダウン or ボトムアップ） ■ 予算策定にあたってのマネジメントのスタンスは？（必達目標 or ストレッチした努力目標） ■ 予算更新の頻度は？　更新にあたってどのようなプロセスを経ているか？ ■ 予算未達の原因は分析されているか？ ■ それに対する改善策は実行されているか？
c	着地見込み／計画数値に適用している前提条件の蓋然性	■ 前提条件（KPI）は？ ■ 前提条件（KPI）は過年度実績と整合性がとれているか？ ■ 外部・内部環境変動と整合性がとれているか？ 　✓ 市場の成長率，需給バランス 　✓ 自社の競争優位性，ポジショニング，市場シェア 　✓ 競合先の状況，代替品の出現 　✓ 市場が影響を受ける法規制・政治動向 　✓ 主要顧客・取引先の動向 　✓ 受注残高の状況，売上への寄与度 　✓ 稼働率 　✓ 採用率，定着率，離職率 ■ ある事象がトリガーとなって，大幅な増収増益を見込んでいる場合には，当該事象が達成できる可能性を客観的に把握できているか？ ■ アップサイドだけでなく，ダウンサイドリスクも適切に把握できているか？　定量化できるか？

（出典）　KPMG 作成

　見込み・計画数値を現実的なもの（＝マネジメントの恣意性を排除した客観的なもの）に修正したうえで株式の評価に用いる必要があるだろう。

　客観的に測定可能な時価（取引価格）が存在していない株式について，事業計画の進捗に応じて，取得価額に「一定の掛け目」を乗じて評価する簡便的なアプローチを採用している企業もある。「一定の掛け目」は，慎重に検討のうえで設定する必要があるが，いったん設定すれば機械的に評価額を算定するこ

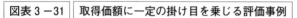

| 図表3-31 | 取得価額に一定の掛け目を乗じる評価事例 |

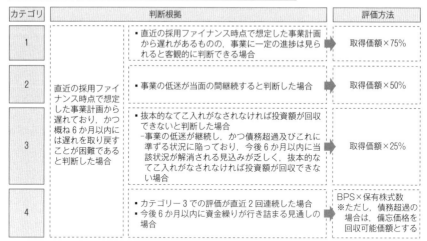

カテゴリ	判断根拠		評価方法
1	直近の採用ファイナンス時点で想定した事業計画から遅れがあるものの，事業に一定の進捗は見られると客観的に判断できる場合	■ 直近の採用ファイナンス時点で想定した事業計画から遅れがあるものの，事業に一定の進捗は見られると客観的に判断できる場合	取得価額×75%
2		■ 事業の低迷が当面の間継続すると判断した場合	取得価額×50%
3		■ 抜本的なてこ入れがなされなければ投資額が回収できないと判断した場合 -事業の低迷が継続し，かつ債務超過及びこれに準ずる状況に陥っており，今後6か月以内に当該状況が解消される見込みが乏しく，抜本的なてこ入れがなされなければ投資額が回収できない場合	取得価額×25%
4		■ カテゴリー3での評価が直近2回連続した場合 ■ 今後6か月以内に資金繰りが行き詰まる見通しの場合	BPS×保有株式数 ※ただし，債務超過の場合は，備忘価格を回収可能価額とする

（出典）　KPMG 作成

とが可能である。

【簡便法の適用事例】

　簡便法とは，取得価額または BPS（Book-value Per Share：1株当たり簿価純資産額），備忘価格により評価するアプローチである。これらのアプローチは機械的な評価方法であり，評価者による判断が介入しないという点で客観的ではあるものの，BPS を採用する場合には，以下の点に留意が必要である。

　• BPS を採用する場合の留意点

　✓　1株当たりの純資産額は，一般に公正妥当と認められる会計基準に準拠して作成した財務諸表を基礎に算定されるものである。財務諸表は，評価時点までに入手可能な最新の情報を使用し，決算日以降の状況で財政状態に重要な影響を及ぼす事項が判明していれば，それらを加味する必要がある。

　✓　資産等の含み損益および未認識の債務が大きい場合には，時価評価に基づく評価差額等を加味して算定する必要がある（この観点では，修正純資

産額で評価することになる）。

- ✓ 超過収益力を見込んで投資した会社を BPS で評価すると，即時に減損リスクが顕在化したとの懸念が抱かれる可能性があるなど，超過収益力が重要な投資には適切でないと考えられる。

［2］ IPEV ガイドラインに基づく評価手法

参考までに，IPEV ガイドライン（International Private Equity and Venture Capital Valuation Guideline）に基づく評価方法を紹介したい。IPEV ガイドラインは，PE/VC を運用するファンドが，非上場有価証券等の公正価値評価を行う際の評価方法について取りまとめ，国際財務報告基準（IFRS）における未公開株式の評価実務で参照されているガイドラインであり，評価対象企業の事業化の進捗に応じた評価手法が推奨されている。

ただし，IPEV ガイドラインは，IFRS の一部を構成するものではない点には留意が必要である（前著『実践 CVC』参照）。

図表 3 −32 IPEV ガイドラインに基づく評価手法の概要

凡例 ○ 適用可能 △ 補完的，あるいは二次的に利用可能		マーケット・アプローチ		インカム・アプローチ		コスト・アプローチ
		直近投資価格	マルチプル	投資先のDCF	投資のDCF	純資産
		・評価対象企業に対する投資が最近行われている場合に，その投資価格を評価基準とする。	・評価対象企業の利益等に対して適切な倍率を乗じて企業価値を算定する。	・評価対象企業（投資自体ではない）の将来CFの現在価値を計算することで企業価値を算定する。	・投資自体の将来CFに基づく。負債・メザニンといった非エクイティ投資，およびリアライゼーション目前の価格合意に適する。	・評価対象企業の純資産価値を基に企業価値を算定する。
事業が順調に進捗	シード・アーリーステージ企業	○	○	—	△	
	R&D型スタートアップ	○	○	—	△	
	ビジネスモデル確立企業	△	○	△	△	
	Exit予定企業	—	—	△	○	
事業進捗に疑義あり	継続性に疑義がある企業/リビングデッド	—	—	—	○	○
	清算中または清算予定の企業	—	—	—	○	○

（出典）　KPMG 作成

【コラム②】　大企業的価値観

　欧州のエネルギー業界のCVCは，革新的なビジネスモデルへの投資を試みる一方で，当時の親会社のマネジメントが信じる「競争を勝ち抜く成功要因」は，依然として価格や昔ながらのサービスの拡充であって，イノベーションの重要性が認知されるまでには至っていなかったというのが実情であろう。当時のこの業界は，市場に変化をもたらすファクターが規制以外になく，自社のビジネスモデルの変革を求められない環境で長い時間を過ごしてきた。何もしないことが最善の戦略であった業界に長く身を置いていたマネジメントにとっては，ドラスティックな市場変化によって起こりうる影響は想像することができなかったのだ。そして，もう1つの大きな問題は，大企業的価値観である。エネルギー業界のように，国に保護された長い歴史を持つ大企業は，起業家的な発想や新しい価値観を受け入れる環境になかった。これが，スタートアップとの隔絶を生み，CVCが機能しない要因となったのである。「大企業の方がスタートアップよりも上」，「お金のないスタートアップに投資してあげている」，こうしたメンタリティが依然として見受けられる。

　有望なスタートアップのもとには出資を希望する多くの投資家が集まり，投資家が投資先を選ぶというよりは，投資家を選ぶイニシアティブがスタートアップに帰属する。投資機会を摑むためにキャピタリストが日夜奔走する中で，こうした大企業的価値観が言動に現れ，投資機会を逸失するケースも散見される。投資後も，「責任を果たすのはスタートアップ」という意識が先行し，共同開発の際に自社都合を優先する例もある。

　有望スタートアップへの投資によるイノベーション実現の蓋然性を高めるためにも，マネジメント以下全員がこのような大企業的価値観を持ってスタートアップと向き合っていないか，今一度内観してみてはどうだろうか。

第 4 章

スタートアップの価値評価

4-1　スタートアップ投資における定量評価

　前著『実践 CVC』では，CVC 投資における定量評価手法として，定量評価モデルを用いた財務リターンの理解・把握について解説した。定量評価モデルでは，想定している投資金額，取得比率およびスタートアップの将来計画を前提として，期待収益率（IRR）／投資倍率（ROI）が VC ／ CVC のハードルレートをクリアしているか否かという観点から投資価格の合理性を検討する。VC ／ CVC は，多数のスタートアップに少額・マイノリティ出資を行うのが一般的であることから，スタートアップの資金調達においてフォローインベスターとなる場合には，価格交渉のイニシアティブを持たない。したがって，定量評価モデルを用いたアプローチが多く採用されている。

　技術力・成長力のあるスタートアップは CVC を持たない企業にとっても魅力的であり，近年は CVC を持たない企業によるスタートアップ投資も増加している。CVC を持たない企業がスタートアップ投資の意思決定を行う場合には，通常の M&A と同様のアプローチで投資価格の合理性を検討することが多く，ここでスタートアップの価値評価が必要となる。

　スタートアップは成長期にある企業群であり，安定成長期にある企業群と比較して，価値評価上特有の論点が多数存在する。本章では，まず価値評価の観点からスタートアップの特徴について説明した後に，スタートアップの価値評価手法について解説する。

4-2　スタートアップの特徴

　スタートアップには以下の特徴がある。各項目に関して，価値評価の観点か

ら検討すべきポイントを解説する。

- 浅い業歴
- 費用・投資の先行
- 低い株式流動性
- 複雑な資本構造
- 高い倒産確率

［1］　浅い業歴

　スタートアップは業歴が浅く，かつ管理部門のリソースに余裕がないことが多いため，入手可能な過去実績データが限定的である。価値評価にあたっては，一般的に過去実績と将来計画との連続性を確認するが，入手可能な過去実績データに制約があることでこの作業が困難な場合が多い。また，成長ステージにあるスタートアップがまさに急成長中の場合は，過去実績と将来計画の連続性の確認自体が意味を持たないこともある。

［2］　費用・投資の先行

　スタートアップは売上が非常に少ない一方で，費用支出・投資を活発に行う必要があることから，黒字化していないケースも多い。このように，スタートアップの利益指標がマイナスとなる場合には，企業価値／EBITDA倍率やPERに基づく株価倍率法などを用いた価値評価は困難である。

［3］　低い株式流動性

　スタートアップ投資は，未上場会社に対するマイノリティ出資であることが多い。また，後述する複雑な資本構成も相まって，一般的にスタートアップ株式の流動性は低いのが一般的であるため，価値評価上も，こうした流動性に関する特徴を考慮に入れる必要がある。

　また，スタートアップであるがゆえに，上場企業の中に類似企業が少ない（または存在しない）場合もあり，ベンチマークとなる株式価値水準を把握す

るのも困難である。

［4］　複雑な資本構造

　スタートアップは，普通株式に加えて優先株式等の種類株式を発行していることが多い。複数種類の株式が発行されている場合には，株式の種類ごとに株主資本価値を配分する必要があることから，実際に取得する株式の価値計算も複雑になる。

［5］　高い倒産確率

　スタートアップは規模が小さく，未成熟な市場をターゲットにしているため，安定成長期にある企業と比べて倒産確率が非常に高い。価値評価は，通常ゴーイングコンサーン（継続企業）を前提としたアプローチであり，スタートアップの倒産リスクを考慮に入れて評価する必要がある。

4-3 ┃ スタートアップの価値評価手法

　スタートアップ投資は，資金調達ラウンドへの参加や既発行株式の売買取引などを通じた特定の株式持分の取得を目的とするケースが多く，全株式持分の買収を目的とするケースは少ない。したがって，スタートアップの価値評価は，「株主資本価値の評価」と「株主資本価値の各種株式等への配分」の2段階で構成される。

［1］　株主資本価値の評価

　図表4－1は，スタートアップの株主資本価値を評価する際に採用される手法をまとめたものである。

　DCF法と株価倍率法および類似取引比較法に関する詳しい説明は他の専門

　スタートアップの株主資本価値の評価手法

評価アプローチ	評価手法
インカムアプローチ	DCF 法
マーケットアプローチ	株価倍率法 類似取引比較法 バックソルブ法（取引事例法）

（出典）　KPMG 分析

書に譲ることとして，本書ではそれらの手法を用いてスタートアップの株主資本価値を評価する際のポイントを解説する。

DCF 法

　スタートアップを DCF 法で評価する際の最大のチャレンジは，将来計画（損益予測）の作成である。特に，アーリーステージにある企業は，まだ顧客から支持が得られていない製品／サービスの開発，場合によっては市場が存在するかどうかすらわからないビジネスの立ち上げに取り組んでいることから，将来計画は多分に仮説に基づくものとならざるを得ない。

　将来計画の作成において比較的多く用いられるのは，トップ・ダウン・アプローチと呼ばれる手法である。この手法では，まずスタートアップの製品／サービスが代替すると期待されるマーケットの規模と，スタートアップが最終的に獲得すると期待される市場シェアを予測し，それらに基づいてスタートアップが一定程度成長した時点の売上高や利益，キャッシュフローを予測する。その後，現在の状況と将来一定程度成長した時点の姿をつなぐ形で将来計画（損益予測）を作成する。

　スタートアップは費用・投資が先行するため，フリー・キャッシュ・フローの将来計画値を予測する際に，合わせて今後の資金需要（キャッシュ・バーン）を予測することも重要である。

　将来計画の作成と同様に難易度が高いのが，割引率の設定である。DCF 法

における割引率の算定にはCAPM理論を用いるのが通常である。しかしながら，スタートアップの場合には，株式市場で同じ成長フェーズにある企業の株式が取引されているケースは稀で，有効な市場データの入手は困難である。そこで，代替的な手段として，VC等の投資家が期待する投資利回りを参考に割引率を設定することが一般的に行われている。本章の冒頭で説明したとおり，VCは投資実行にあたって定量評価モデルを用いて財務リターンを把握しており，**図表4－2**は，資金調達ステージごとのVCの期待投資利回り（ハードルレート）の目安を示している。

| 図表4－2 | 資金調達ステージごとの期待投資利回り |

資金調達ステージ	期待投資利回り
スタートアップ時	50－70%
VC等からの第1回目の調達ラウンド	40－60%
VC等からの第2回目の調達ラウンド	30－50%
ブリッジ／IPO時	20－35%

（出典）　Damodaran「The Dark Side of Valuation 3rd Edition」Table 9.3

　ただし，VCの期待投資利回りを割引率として使用する場合には，特に以下の事項に留意が必要である。

a．VCは，平均的な投資期間である5年から7年程度で投資をエグジットする。したがって，VCの期待投資利回りは，DCF法で通常想定している継続保有を前提とするものではない。

b．VCの期待投資利回りには，スタートアップの高い倒産確率が織り込まれている。

c．VCの期待投資利回りには，投資からエグジットまでの流動性の欠如を要因とするディスカウントが織り込まれている。

DCF 法に基づく価値のほとんどを占める継続価値の分析も重要である。ス
タートアップに DCF 法を適用する際には，エグジット倍率法および永続価値
法を用いて継続価値を分析するのが一般的である。

【エグジット倍率法】

　エグジット倍率法は，VC の期待投資利回りと整合的な手法であり，将来計
画に基づいて，想定されるエグジット時点の財務数値とその時点の予想株価倍
率を用いて継続価値を分析する。スタートアップの場合には，適用可能な株価
倍率が限定されていることもあり，売上高倍率が用いられることが多い。実際
の継続価値の分析手順としては，まず対象企業が狙う製品／サービス市場にお
ける類似企業の現在の売上高倍率を算定し，一定の回帰分析に基づくエグジッ
ト時点（例えば 5 年後）の予想売上高倍率を推定する。次に，対象企業の 5 年
後の売上高に予想売上高倍率を乗じることによって 5 年後の企業価値を分析し，
これを継続価値とする。

【永続価値法】

　永続価値法は，DCF 法における継続価値の分析手法として最も一般的に用
いられている手法であるが，将来計画の最終年度がいわゆる定常状態（安定成
長期）に達している必要がある点に留意が必要である。また，継続保有を前提
とした継続価値の分析手法であるため，割引率との整合性にも留意が必要であ
る。

　DCF 法に基づいて評価するためには，将来計画（損益予測）を含む一定の
財務モデルを完成させる必要がある。特に，スタートアップの場合には，仮定
や前提条件が多くならざるを得ないことに加え，割引率の設定や継続価値の分
析に関しても特有の考慮すべき事項があるため，これらの妥当性に注意しなが
ら分析することが肝要である。

類似取引比較法

　類似取引比較法がスタートアップ投資を検討する際の唯一の評価の基礎とされるケースは少ないが，相場観を把握する目的で利用することは重要である。競合企業や，同一セクター内の企業に関するシリーズ資金調達のトラックレコードを調査することで，投資対象の現在の成長フェーズや資金調達ラウンドにおいて，類似取引がどのような条件でどの程度の評価額となっていたかをある程度把握することができる。

　スタートアップのシリーズ資金調達に関するデータは，財務数値が欠落していたり，一部の資金調達のラウンド情報が不足していたりすることが多い。しかしながら，このような入手可能な情報に制約があるという限界を認識しながらも，類似取引比較法による分析を行うことが重要である。

バックソルブ法（取引事例法）

　バックソルブ法は，対象企業自身の直近の資金調達（増資）取引および既発行株式の売買取引に係る取引価格を参照し，対象企業の株主資本価値を評価する手法であり，主に会計上の公正価値評価で使用されている。

　スタートアップへの投資は，新たな資金調達ラウンドに参加する形式が多い。スタートアップの成長を前提とした新たな資金調達時の評価をしようとしている段階において，過去の取引価格を参照するバックソルブ法の重要性は低いようにも思われる。しかしながら，直近で既発行株式の売買取引がある場合には当該価格を参照可能であるし，仮に直近の売買取引がない場合であったとしても，他の手法による株主資本価値の評価結果に対するクロスチェックを目的としてバックソルブ法による分析を行うことは有用である。具体的には，前回の資金調達ラウンドの価格に基づいて当該時点における株主資本価値を評価した後に，それ以降の対象企業および市場状況の変化を考慮して現在の株主資本価値を推定することが可能となる。

［2］　株主資本価値の各種株式等への配分

　スタートアップは，段階的なシリーズ資金調達を行う際に優先株式を用いるのが一般的であるため，資本構造も複雑になることが多い。加えて，株主間契約または投資契約において，会社法に定められている発行可能な種類株式に該当しない権利や，投資家間の利害関係を調整する目的で追加的な権利が定められる。**図表4－3**は，日本の会社法上発行可能な種類株式の主な内容であり，**図表4－4**は，株主間契約または投資契約で定められる権利の主な内容である。

図表4－3 　日本の会社法上発行可能な種類株式の主な内容

種類株式	権利の内容
剰余金の配当についての種類株式	剰余金の配当について，他の株式より優先または劣後する株式。定められた優先配当を受けた後の残余の配当に普通株式と共に参加できるか否かにより，参加型／非参加型に区分される。定められた優先配当が支払われない場合に，当該不足額が累積するか否かにより累積型／非累積型に区分される
残余財産の分配についての種類株式	清算時における残余財産の分配について，他の株式より優先または劣後する株式。定められた残余財産の分配を受けた後の残余の配当に普通株式と共に参加できるか否かにより，参加型／非参加型に区分される
議決権制限株式	株主総会の全部または一部について，議決権を行使することができない株式
譲渡制限株式	全ての株式または一部の種類の株式の譲渡について会社の承認を要する株式
取得請求権付株式	全ての株式または一部の種類の株式について，株主が会社に当該株式の取得を請求できる株式
取得条項付株式	全ての株式または一部の種類の株式について，会社が一定の事由が生じたことを条件としてその株式を取得することができる株式

全部取得条項付株式	会社が株主総会の特別決議により，その全部を取得することができる株式
拒否権付株式	株主総会または取締役会において決議すべき事項のうち，その株主総会の決議の他に，種類株主を構成員とする種類株主総会の決議を必要とする旨の定めが設けられている株式
取締役・監査役の選任についての種類株式	指名委員会等設置会社及び公開会社では発行することができない。その種類株主総会で取締役・監査役を選任するに際して内容が異なる株式

（出典） KPMG 分析

| 図表 4 － 4 | 株主間契約または投資契約で定められる権利の主な内容 |

権　利	内　容
みなし清算優先分配権	M&A による会社または事業の実質的な売却時に，M&A の対価が優先的に分配される権利
希薄化防止条項	会社の新規資金調達において，それ以前の資金調達時の株価よりも低い株価で株式が発行される場合，普通株式への転換比率を調整することによって，既存株式の持分比率の希薄化を緩和する権利
新株引受優先権	会社が新株を発行する際に，自己の株式保有比率を維持する範囲で，保有株に応じた株数を購入する権利（日本では第三者割当増資が株主総会決議事項であるため，特に明記されていなくとも新株引受優先権を当初より保持しているともいえる）
先買権	株式を第三者に売却しようとする場合，それ以外の株主が通知を受け，売却対象となっている株式を買い取ることができる権利
ドラッグ・アロング・ライト（売却強制権）	自らが株式を売却する場合に，他の株主に対して全ての所有株式を自らと同じ条件で定められた相手先に売却することを強制する権利
タグ・アロング・ライト	既存株主が先買権を行使せず，株式売却を認めた場合

（売却参加権）	に，既存株主がその保有株式の一部または全部を同一条件で第三者に売却することができる権利
その他	情報請求権，複数議決権，取締役選任権，強制償還条項，経営者や主要従業員に対するストックオプションなど

（出典）　KPMG 分析

　スタートアップの株主資本価値を各種株式等へ配分する際には，これらの権利を，経済的な権利と企業のコントロールに関する権利に区分して整理したうえで，配分手法を検討する。**図表４－５**は，主な権利を経済的な権利と企業のコントロールに関する権利に区分したものである。

図表４－５　経済的な権利／企業のコントロールに関する権利の主な区分

経済的な権利	企業のコントロールに関する権利
優先配当権（非累積型）	議決権
優先配当権（累積型）	拒否権
残余財産優先分配権（非参加型）	取締役選任権
残余財産優先分配権（参加型）	ドラッグ・アロング・ライト
みなし清算優先分配権（非参加型）	タグ・アロング・ライト
みなし清算優先分配権（参加型）	新株引受優先権
普通株式への転換権	先買権
普通株式への強制転換権	情報請求権
希薄化防止条項	―

（出典）　KPMG 分析

　スタートアップの株主資本価値を各種株式等へ配分する手法としては，一般的に**図表４－６**に示す４つが検討される。評価目的，対象企業の置かれている状況や事業特性，評価対象株式や保有している権利の特性等を総合的に勘案し，最も適切と思われる手法を選択あるいは組み合わせることにより配分する。

図表4－6	スタートアップの株主資本価値の各種株式等への配分手法

現状価値法
オプション価格法
シナリオベース法
ハイブリット法

（出典）　KPMG 分析

現状価値法

　現状価値法は，評価基準日に流動化事象が生じたものと仮定し，対象企業の
みなし清算（または残余財産）優先分配額と普通株式への転換価値のいずれか
大きい価値に基づいて株主資本価値の評価額を種類株式に配分し，その残余の
価値を普通株式に配分する手法である。

　現状価値法は，評価基準日に流動化事象が生じたと仮定することから，明確
な流動化事象が近日中に予定されていない限り合理的な結果は得られないと考
えられる。

オプション価格法

　オプション価格法は，普通株式や各種類株式の権利を対象企業の株主資本価
値を原資産としたコールオプションとして取り扱うことにより，対象企業の株
主資本価値を各種株式等へ配分する手法である。この手法によれば，評価基準
日ではなく，将来流動化事象が発生した時点における経済的な優先権の影響を
明示的に考慮することが可能である。

　オプション価格法は，特定された将来シナリオの結果ではなく，将来の株主
資本価値を確率分布として取り扱うことから，特定の将来シナリオの予測が困
難な場合に適している。一方で，将来の追加的な資金調達による優先権の地位
の変動および対象企業の成長に伴って発行されるオプション等による希薄化の
影響を考慮することができないなどの欠点もあるため，常に合理的な結果が得

られるわけではない。

■シナリオベース法

シナリオベース法は，将来のシナリオと各種株式等の権利を考慮しながら，将来のリターンを各シナリオの発生確率で確率加重した現在価値に基づき，対象企業の株主資本価値を各種株式等へ配分する手法である。この手法は現状価値法と異なり，現在の株主資本価値を単純に株主間に配分するわけではなく，将来の流動化事象のシナリオやその結果を明確に考慮するものである。

シナリオベース法では，以下の手順で明確な将来シナリオとその結果を考慮するため，評価過程の透明性が高いとされる。一方で，多くの恣意的な前提を必要とするため，将来の流動化事象が発生するまでの期間が短く，将来生じる事象とその結果の予想が比較的容易な場合に適している。

a．IPO，M&A，清算を含む様々な将来のシナリオを作成する
b．各シナリオにおける将来の流動化事象発生時における株主資本価値を見積る
c．各シナリオに基づく各種株式等の権利を考慮し，将来の流動化事象発生時における株主資本価値を各種株式等へ配分する
d．各シナリオの発生確率に基づき，各種株式等の別に期待キャッシュフローを作成する
e．各種株式等の期待キャッシュフローの現在価値を評価する

なお，対象企業がアーリーステージにいる場合に，いたずらに多数の将来シナリオを想定することは望ましくなく，一般的にはIPOか清算（倒産）の二者択一の将来シナリオが想定されている。シナリオベース法は，このような二者択一の将来シナリオの想定も含む手法である。

ハイブリッド法

　ハイブリッド法は，前述の3つの手法を組み合わせて適用する手法である。この手法によれば，特定シナリオの結果を予測することはできるが，その他のシナリオの結果を予測することが困難な場合に適している。

　ハイブリッド法は，各手法の長所を取り入れることができる一方で，評価モデルと前提条件が過度に複雑になる傾向がある。

　最後に，こうした株主資本価値の各種株式等への配分手法を用いて評価対象である投資を評価した後に，投資が有する権利（種類株式等の権利および株主間契約等の権利）の強弱に応じて追加的にプレミアム／ディスカウントを考慮するか否かを検討する必要がある。しかしながら，スタートアップに関する特定の権利が投資の価値に影響する度合いは個々の事案で大きく異なるため，プレミアムやディスカウントに関してはいかなるルールオブサム（Rule of Thumb）やベンチマークの適用も適切ではなく，慎重な検討が必要である。

【コラム③】 チーム組成の内製化あるある

　スタートアップ投資にとって重要なのは，目利き力と意思決定スピードのバランスである。CVCチーム内に投資経験者がいない場合，両方のバランスを図るのは難しい。CVCのチームを事業部出身者のみで組成するケースが往々にして見られるが，事業部出身者は投資経験も少ないうえにスタートアップのインナーサークルに入るネットワークも持ち合わせていない。結局，ソーシングは，スタートアップ側からのアプローチや，他のVCからの紹介に依存することになる。「CVCは目利きが弱いので，VCが投資するにはリスクが高いものを紹介する」，「自分たちで投資したいと思える優良案件をCVCに紹介することはない」，というVCからの皮肉が聞こえてくることもある。

　もう1つ，よく見受けられるのが，チームは組成したものの，技術に精通したメンバーがいないケースである。特に，戦略シナジーを目的とするCVCの場合には，既存事業と投資領域との距離感や投資の戦略的意図にかかわらず，自社の要素技術に対する理解や課題認識，自社の技術を脅かすディスラプティブな新技術に対する知見を持ち合わせていないかぎり，投資対象のソーシングも速やかな投資判断もおぼつかない。CVC実装事例で紹介するNext47が実践しているように，各々のキャピタリストが特定技術に精通していることで，スタートアップが保有している技術による戦略シナジーの蓋然性や，技術の先進性，将来性をいち早く評価することができるのではないだろうか。目利き力と意思決定スピードの両立という観点からは，技術評価までを完結できるキャピタリストの存在が好ましいであろう。

第5章

CVC に係る税務上の論点

5-1 オープンイノベーション促進税制

［1］ 税制の概要

経済環境が著しく変化する近年において，企業にはさらなる成長を企図した新規事業の創出が求められている。そのための手段としては，自社単体での研究開発だけでなく，新規事業への投資などによりイノベーションを創出することも視野に入っており，これらが，With／After COVID-19時代に向けた重要な取組みとなりつつある。

図表5－1 | 税制の概要

- 株式会社等又はその CVC が，スタートアップ企業とのオープンイノベーションに向け，そのスタートアップ企業の新規発行株式を一定額以上取得する場合，その株式の取得価額の25％が所得控除される制度です。
- ただし，5年以内にその株式の処分等をした場合は，控除分が益金算入されます。

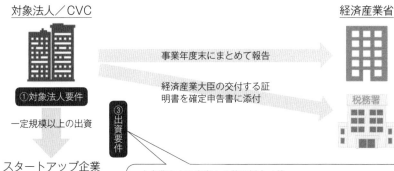

対象法人／CVC

①対象法人要件

一定規模以上の出資

③出資要件

スタートアップ企業
設立10年未満の未上場企業等

②スタートアップ企業要件

経済産業省

事業年度末にまとめて報告

経済産業大臣の交付する証明書を確定申告書に添付

税務署

- 大企業による出資：1億円以上／件
- 中小企業による出資：1,000万円以上／件
- 海外法人への出資：一律5億円以上／件
- 令和2年4月1日〜令和4年3月31日の間に行われた資本金の増加に伴う払込みによる株式の取得であること
- 取得株式を5年以上保有する予定であること
- オープンイノベーションに向けた取組を伴う出資（純投資等を除く）であること

（出典） 経済産業省「『オープンイノベーション促進税制』について 令和2年6月」

具体的には，イノベーションの担い手である新たなテクノロジー・技術・ノウハウ等を持つスタートアップ企業と連携し，集中的にオープンイノベーションの取組みを進めていくことが挙げられるが，これを税制面から支援するため，2020年度税制改正では，オープンイノベーション促進税制が創設されている。この税制では，国内法人または国内CVCがオープンイノベーションを目的として行うスタートアップ企業への投資に伴うリスクを軽減する観点から，一定の要件を満たすことを条件として，投資金額の25％を投資時に所得控除できるとしている。

［2］　オープンイノベーションとは

　新たに導入されたオープンイノベーション促進税制では，下記1.〜3.のいずれにも該当する事業活動をオープンイノベーションと定義している。

> 1．対象法人が，高い生産性が見込まれる事業又は新たな事業の開拓を目指した事業活動を行うこと
> 2．1.の事業活動において活用するスタートアップ企業の経営資源が，対象法人にとって不足するもの，かつ，革新的なものであること
> 3．1.の事業活動の実施にあたり，対象法人からスタートアップ企業にも必要な協力を行い，その協力がスタートアップ企業の成長に貢献するものであること

　なお，上記の要件を充足しているか否かを経済産業省に事前確認することが可能であり，30日以内には回答が得られる。

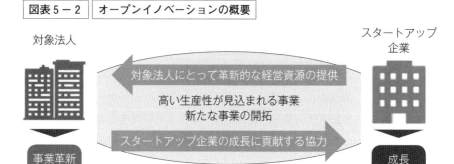

| 図表 5 - 2 | オープンイノベーションの概要 |

（出典）　経済産業省「『オープンイノベーション促進税制』について　令和 2 年 6 月」

［3］　適用対象法人の要件

本税制の対象となる国内法人および国内 CVC は下記のとおりである。

対象となる国内法人の要件

下記(1)～(3)のいずれにも該当する法人

(1)　青色申告書を提出する法人であること

(2)　スタートアップ企業とのオープンイノベーションを目指していること

(3)　以下のいずれかの法人形態であること[*1]

株式会社

相互会社

中小企業等協同組合

農林中央金庫

信用金庫及び信用金庫連合会

（＊1）　合同会社は含まれない点に留意が必要

対象となる CVC の要件

上記の対象法人の出資比率が50％超[*2]である組合であり，かつ，下記(1)～

(3)のいずれかの類型に該当する CVC

(1)　対象法人の国内完全子会社が無限責任組合員（以下，「GP」）[*3]である投
　　資事業有限責任組合（以下，「LPS」）→図表5－3（国内 LPS ①）

(2)　対象法人が単独の有限責任組合員である LPS →図表5－3（国内 LPS ②）

(3)　対象法人の出資比率が50％超の民法上の組合→ 図表5－3（民法上の組
　　合）

　　（＊2）　出資比率の計算にあたっては，対象法人が他の LPS を通じて行う当該
　　　　　CVC への金額は除外する。

　　（＊3）　GP は単独である必要はなく，国内独立系 VC や海外 VC が共同 GP とな
　　　　　ることも可能である。

図表5－3	CVC を経由して出資を行う場合

＜国内 LPS ①＞
- Aの完全子会社 a が GP
- Aの出資割合が過半数
- ➡Aが税制の対象

＜国内 LPS ②＞
- A社が単独の LP（いわゆる 2 人組合）
- A社の出資割合が過半数
- ➡Aが税制の対象

＜民法上の組合＞
- Aの出資割合が過半数
- ➡Aが税制の対象

（出典）　経済産業省「『オープンイノベーション促進税制』について　令和2年6月」

［4］　出資行為の要件

　本税制では，オープンイノベーションを目的として一定期間の株式の継続保
有を見込み，かつ，一定金額以上の現金出資によるスタートアップ企業の新た
な株式の取得を対象としている。具体的には，下記1．～5．のすべての要件を
充足する出資である。

1．資本金の増加を伴う現金の払い込みによる出資（種類株式の取得による出資
　および新株予約権の行使に伴う株式の取得による出資を含む）であること（既
　に発行済みである株式を取得する行為は対象外）

2．1件当たりの出資金額（CVC 経由の場合，CVC からの出資金額× CVC へ

の出資割合）が1億円以上であること（中小企業者による出資については1,000万円以上，外国のスタートアップ企業への出資については5億円以上であること）

3．オープンイノベーションに向けた取組の一環で行われる出資であること
4．取得株式の5年以上の継続保有を予定していること
5．純投資を目的する出資ではないこと

［5］ 出資を受ける主体（スタートアップ企業）の要件

　本税制において，対象法人およびCVCからの出資対象となるスタートアップ企業は，下記1．～9．の全ての要件を充足する企業である。

1．既に事業を開始している事業者であること
2．株式会社であること
3．未上場企業であること
4．対象法人とオープンイノベーションを行っているまたは行う予定であること
5．設立10年未満の会社であること（会社登記上の設立日を起算日とした出資日（現金の払込日）までの年数により判定）
6．発行済株式総数の50%超の株式が，一の法人および当該法人グループ^(*4, *5)により所有されていないこと
7．法人以外の者（LPS，民法上の組合，個人等）が3分の1超の株式を有していること
8．風俗営業又は性風俗関連特殊営業に該当する事業を営む会社でないこと
9．暴力団員等が役員にいる会社，事業活動を支配する会社でないこと

（＊4）　法人グループに該当するか否かの判定は，株式の総数または出資の金額の合計が50%以上か否かで判定する。
（＊5）　法人グループにおけるスタートアップ企業への出資割合を算定する場合の対象となるグループは，子会社・孫会社・曾孫会社までである。

［6］ 申請手続き

　本税制の適用を受ける対象法人は，経済産業大臣に証明書の交付申請を行う

必要がある。スタートアップ企業への出資が上記全ての要件を充足することについて，その出資の日の属する事業年度末日の60日前から，その事業年度末日後30日以内に所定の申請書を添付書類とともに経済産業省へ E-mail により提出しなければならない。当該申請後，60日以内に経済産業大臣から交付された証明書は，当該税制の適用を受ける事業年度の法人税申告書に添付して申告する必要がある。

　また，本税制の適用により所得控除を行った翌事業年度以降も，株式取得の日から5年間，継続してスタートアップ企業とオープンイノベーションに向けて取り組んでいることの実施状況等を，毎事業年度末日の60日前から，その事業年度末日後30日以内に経済産業大臣に報告し，継続証明書の交付を受ける必要がある。

図表5－4	税制の適用を受けるための手続きフロー

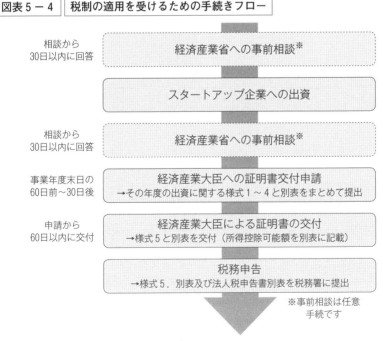

（出典）　経済産業省「申請ガイドライン」

| 図表5－5 | 税制の適用後5年間の手続きフロー |

相談から
30日以内に回答

経済産業省への事前相談※

※事前相談は任意手続です

事業年度末日の
60日前〜30日後

経済産業大臣への継続証明書交付申請
→前年度以前の出資に関する様式8と別表をまとめて提出

経済産業大臣からの追加書類提出の依頼
（オープンイノベーションの継続を確認するために求める場合あり）

申請から
60日以内に交付

経済産業大臣による継続証明書の交付
→様式9と別表を交付
※継続証明書は税務申告時の添付は不要です

株式取得日から5年経過するまで，
毎事業年度末に同様の手続を行う

株式取得日から5年経過した日を含む事業年度末

経済産業大臣による継続証明書の交付

株式取得日から5年経過した日より後に特別勘定の
取崩しがあったとしても，その取り崩した金額は
益金算入されません

（出典） 経済産業省「申請ガイドライン」

［7］ 経理要件

　本税制の適用を受ける対象法人は，スタートアップ企業の株式の取得価額[*6]
の25％相当額以下の金額を，取得の日を含む事業年度の確定した決算において，
各スタートアップ企業の株式銘柄別に，特別勘定を設ける方法[*7]により経理

する必要がある。なお，特別勘定については，その株式の取得の日から5年間維持する必要がある。

- （＊6）　1件の投資に係る取得価額が100億円を超える場合には，100億円までが対象となる
- （＊7）　その事業年度の決算の確定の日までに，利益剰余金の処分により目的積立金として積み立てる方法等を含む

［8］　所得控除額

上記の特別勘定を設ける方法により経理した金額は，所得控除（損金算入）することができる。

ただし，所得控除額にはいくつかの上限額が設けられている。投資1件当たりでは25億円（1件当たりの出資金額は100億円まで），一事業年度当たりでは125億円（同一事業年度における総出資額は500億円までとし，1件で100億円を超える出資は100億円として計算される）が所得控除可能額となる。さらに，その所得控除可能額が，その事業年度の所得基準額[8][9]を超える場合には，その所得基準額が控除限度額となる。なお，控除しきれない金額が発生した場合に，その金額を繰り越すことはできない。

- （＊8）　本税制を適用せず，かつ，対象株式の取得日を含む事業年度に支出した寄附金全額を損金算入して計算した場合の当該事業年度の所得金額（翌事業年度以降に繰り越される欠損金額がある場合は当該欠損金額を控除）
- （＊9）　連結納税制度においては，各法人の課税所得金額が損金算入の限度額となる（欠損金額が生じる連結子法人が出資を行った場合には，連結所得が生じている場合であっても，本税制は適用できない）

［9］　特別勘定取崩し額の益金算入

図表5－6の特別勘定の取崩し事由に該当することとなった日を含む事業年度（③においては，合併の日の前日を含む事業年度）において，取崩し事由に応じた金額を益金に算入する（取得の日から5年を経過した株式であることを

経済産業大臣により証明されている場合を除く）。

図表 5 － 6 ｜ 取崩し事由と取崩し額

	取崩し事由	取崩し額
①	特別勘定を設けている法人の各事業年度について，特定勘定に係る株式を発行した法人と共同して特定事業活動が行われていることにつき，経済産業大臣の証明がされない場合	その株式に係る特別勘定の金額
②	特別勘定を設けている法人が，その株式の全部または一部を有しないこととなった場合^{（＊10）}（③〜⑤に該当する場合を除く）	有しないこととなった日におけるその株式に係る特別勘定の金額のうち，その有しないこととなった株式に係るものとして一定の方法により計算した金額（全部を有しないこととなった場合には，その有しないこととなった日におけるその株式に係る特別勘定の金額）
③	特別勘定を設けている法人が，税制非適格合併により合併法人に特定株式を移転した場合	合併の直前におけるその株式に係る特別勘定の金額
④	特定株式を組合財産とする投資事業有限責任組合等の出資額割合の変更があった場合	変更があった日におけるその株式に係る特別勘定の金額
⑤	特定株式を発行した法人が解散した場合^{（＊10）}	解散の日におけるその株式に係る特別勘定の金額
⑥	特別勘定を設けている法人が，その株式につき剰余金の配当（分割型分割によるもの及び株式分配を除く）を受けた場合	配当を受けた日におけるその株式に係る特別勘定の金額のうち，剰余金の配当として交付された金銭の額および金銭以外の資産の価額の合計額のうち剰余金の配当により減少した資本剰余金の額に係るものその他の一定の金額の25％相当額

⑦	特別勘定を設けている法人が，その株式の帳簿価額を減額した場合	減額した日におけるその株式に係る特別勘定の金額のうち，その減額した金額で，減額した日を含む事業年度において損金算入された金額に係るものとして一定の方法により計算した金額
⑧	特別勘定を設けている法人が解散した場合（合併による解散を除く）	解散の日における特別勘定の金額
⑨	特別勘定を設けている法人が，特別勘定の金額を任意に取り崩した場合（*10）	取り崩した日におけるその株式に係る特別勘定の金額のうち，その取り崩した金額に相当する金額

（*10）　特別勘定を設けている法人を合併法人とする合併により，その株式を発行した法人が解散した場合を除く。

　上表に掲げる事由のほか，青色申告書の提出の承認が取り消された場合等や組織再編成・連結納税に関する取崩し事由が設けられている。

　なお，その株式を発行した法人の上場は取崩し事由には該当しない。

5-2 CVC ストラクチャーの税務上の論点

[1]　CVC ストラクチャーの概要

　事業会社が選択するスタートアップ投資には，多種多様な手法が存在するが，実務上多く見られる①「事業会社自らがスタートアップ企業へ直接投資するスキーム」，②「事業会社が設立した CVC 子会社を介して間接投資するスキーム」，③「事業会社の CVC 子会社が設立するファンドを介して投資するスキーム」という 3 つの手法を紹介するとともに，各々のスキームに関する税務上の留意点を解説する。

　なお，一般的に，スタートアップ投資活動の初期段階においては，CVC 投資を行うためのノウハウ獲得を目的として，外部の第三者が管理運営するベン

チャーキャピタル（以下，「VC」）が組成する投資ファンドにLPとして参画するケースがあるが，外部VCを用いた投資手法の解説は割愛している。

　以下の解説上，CVC子会社は法人格を有しており，事業会社の100％子会社であることを前提としている。

■ 各スキームにおける税務上の留意点

【本社からの直接投資スキーム】

・特徴

事業会社が，自社単独でスタートアップ企業に投資することにより，外部のVCやLPに依存することなく自社の投資方針に沿った運営が可能となる。その反面，本社に設置される投資委員会で投資の意思決定がなされるため，投資の意思決定スピードが遅くなる傾向がある。

図表5－7	本社からの直接投資スキーム

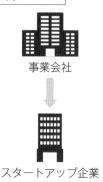

事業会社

↓

スタートアップ企業

・税務上の留意点

事業会社本社の自己勘定でスタートアップ投資を行うこととなるため，ソーシング活動および実際の投資・運用により発生する損益は，本社の本業である事業等から生じる損益と通算することが可能となり，Exit時の有価証券売却損益についても本社に直接帰属することとなる。

また，スタートアップ企業の株式を会計上減損処理した場合には，非上場株式の減損損失に係る税務上の要件を充足しているか否かについて確認する必要がある。

　なお，海外のスタートアップ企業に投資する際には，投資先国の税制に充分留意する必要がある。国によっては，事業会社本社を PE 認定し，当該国での申告納税義務を課す国もあるため，留意が必要である。

【CVC 子会社からの間接投資スキーム】

・特徴

　事業会社が設立する CVC 子会社が主体となってスタートアップ企業に投資することで，投資の意思決定についても当該子会社の投資委員会で実施されることとなるため，本社からの直接投資スキームに比して相対的に投資意思決定スピードが速まる傾向がある。

図表 5 － 8	CVC 子会社からの間接投資スキーム

事業会社

CVC 子会社

スタートアップ企業

・税務上の留意点

事業会社が単体納税制度を適用している場合には，CVC 子会社で発生した損益は本社の損益とは通算されない。したがって，CVC 子会社で多額の損失が生じた場合等においては，グループの税効率を低下させることになるため，留意が必要である。一方で，事業会社が連結納税制度（2022年4月1日以後開始事業年度はグループ通算制度に移行）を採用している場合には，CVC 子会社で発生したソーシング活動や実際の投資・運用により発生する費用，Exit 時の有価証券売却損益を事業会社の所得と損益通算することが可能となるため，連結納税グループ全体の実効税率は単体納税を採用している場合に比して，低く抑えることができることになる。

また，海外のスタートアップ企業に投資する場合には，投資先国に CVC 子会社を設立するケースが多いと考えられるが，当該 CVC 子会社のタックスヘイブン対策税制が適用対象となるか否かについて詳細な検討が必要となる。また，CVC 子会社がソーシング活動等に要した一定の費用を親会社である事業会社が負担することとなるため，移転価格税制の観点から，その算定方法や料率について検討が必要である点にも留意すべきである。

【CVC 子会社が設立する投資ファンドからの投資スキーム】

・特徴

事業会社が設立する CVC 子会社が，LPS の GP として業務執行を行うとともに，事業会社は LP として組合事業に参画する。

| 図表 5 − 9 | CVC 子会社が設立する投資ファンドからの投資スキーム |

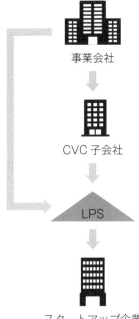

事業会社

CVC 子会社

LPS

スタートアップ企業

• 税務上の留意点

　LPS は，税務上パススルー課税が適用されることとなるため，LPS で発生したソーシング活動や実際の投資・運用により発生するコスト，Exit 時の有価証券売却損益は，出資割合に応じて LP である事業会社に帰属することとなるため，親会社の本業の所得と損益通算することが可能となる。

［2］　オープンイノベーション促進税制の活用

　オープンイノベーション促進税制は，本節で取り上げた3つの投資スキームの下でも基本的に適用可能と考えられる。各スキームの検討段階から，オープンイノベーション促進税制の活用を視野に入れることが必要である。

【コラム④】 Dell Ventures の頓挫と復活

Dell Ventures は，1999年に設立された[1]。インターネット関連でアーリース
テージにあるスタートアップを中心に投資し，設立初年度で95％がアーリース
テージ，5％がレイターステージという投資ポートフォリオ（金額ベース）を組
成している。バランス型の CVC ではあるが，同時期に Intel Capital のアーリー
ステージ比率が52％であることに照らせば，アーリーステージへの集中度の高さ
が際立っているのは明らかであろう。

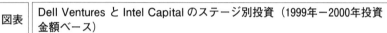

| 図表 | Dell Ventures と Intel Capital のステージ別投資（1999年－2000年投資金額ベース） |

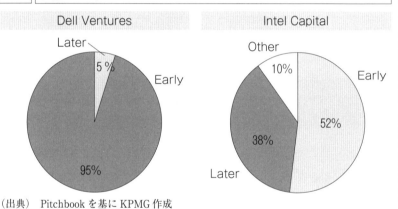

（出典） Pitchbook を基に KPMG 作成

　1999年といえば，アメリカ市場を中心としてインターネット関連企業への投資
が活性化した，いわゆる IT バブルの最高潮であり，Dell Ventures の投資も時
勢を捉えた投資であった。しかしながら，2000年末に IT バブルが弾けると，
2002年にかけて IT 関連の株価は大暴落した。Dell Ventures は，IT バブル崩壊
の波を受けて2001年に10億ドルの損失を発表し，2004年には閉鎖に追い込まれる
こととなる。Dell Ventures の失敗は，IT バブル崩壊という投資市場の急激な悪
化がトリガーではあるが，市場環境の悪化という事象はどの投資家にとってもあ
り得ることで，同社のケースは単にポートフォリオ構築の失敗ともいえる。投資

1　Pitchbook, Harvard Business Revie w "Making Sense of Corporate Venture Capital"

ポートフォリオの構築には，投資資金の投入と回収のバランス，リスクの分散・軽減を実現し得る投資領域の検討が求められるが，Dell Ventures は，戦略リターンを重視し過ぎるがあまりに投資対象のほとんどがアーリーステージの IT 領域と，財務リターンがほとんど考慮されなかった点が，こうした結果を招いたのではないだろうか。

　Dell Ventures は，2012年にステルスでのスタートアップ投資を開始するまで，8年間ほどスタートアップ投資から遠ざかっていたが，2013年に Strategic Innovation Fund を設立し，CVC を再開した。2017年には，現在の Dell Technologies Capital へと社名を変更し，CVC の目的を，親会社である Dell のコアビジネスと戦略的にアラインさせた投資へと変更することを発表し，再構築後は順調に CVC 運営を継続している。

第6章

CVC 実践事例

［ 1 ］ シーメンスのイノベーション獲得の変遷と Next47 の位置づけ

　Next47は，設立後 5 年間で総額10億ユーロ（1,100億円）の投資を実行することを目標に掲げ，2016年にシーメンスが設立した組織である。Next47が着目するに値する理由は，その投資規模だけでなく，財務リターン創出という設立目的に資する組織体制の構築や人材配置の実現，シーメンスの基盤を活用したスタートアップ成長支援施策の充実という「両翼」により，優良スタートアップへの投資を実現する仕組み化に成功している点にある。

　Next47の詳細に移る前に，まずはその母体であるシーメンスにおけるイノベーション実現機能の位置づけや変遷について触れていきたい。

　シーメンスは，ドイツを本拠とする世界有数のコングロマリット企業であり，エネルギー，ファクトリー・オートメーション，交通，ヘルスケアを事業の柱としている。組織としてはSBU（Strategic Business Unit）制を採り，「エナジー」，「スマートインフラストラクチャー」，「デジタルインダストリーズ」という 3 社の事業会社に加え，「シーメンスモビリティ」，「シーメンスガメサ・リニューアブルエナジー」，「シーメンスヘルスケア」という 3 社の戦略会社を展開している。これら SBU とは独立したコーポレート機能として事業開発部門（Corporate Development）を設置し，その中でも CT（Corporate Technology）部門が，先進技術および事業活動の仕込み・探索機能を担っている。

　図表 6 − 1 が示すように，CT が有する機能は多岐にわたるが，①デジタライゼーションおよび自動化に関する調査機能，②エネルギーおよび電力に関する調査機能，③最新トレンドやテクノロジーの分析を通じたイノベーションアジェンダの制定機能，④シーメンスと共同研究を実施する Center of Knowledge Interchange（CKI）プログラムに選定された大学との協業推進機

能（University Relations），⑤シーメンスの知的財産権を保護する機能，⑥シーメンスのデジタル化推進および Mind Sphere（産業用 IoT プラットフォーム）開発機能，⑦ SCM や PLM におけるシーメンスオペレーティングモデルの導入機能，という 7 つの機能に分類することができる。

図表 6 − 1　シーメンスの CT 部門が有する機能と役割

Corporate Technology (CT)
CTO - Roland Busch

	1 Research in Digitalization and Automation	2 Research in Energy and Electronics	3 Technology and Innovation Management	4 University Relations	5 Corporate Intellectual Property	6 Development and Digital Platforms	7 Business Excellence and Quality Management
機能	Research in Digitalization and Automation	Research in Energy and Electronics	Technology and Innovation Management	University Relations	Corporate Intellectual Property	Development and Digital Platforms	Business Excellence and Quality Management
役割	・デジタルツイン関連サービスの開発 ・工場における省力化技術の開発 ・各種セキュリティ技術の開発	・分散電源システムの開発 ・エネルギーストレージシステムの開発 ・革新的な材料技術や製造技術の研究	・最新トレンドやテクノロジーの分析を通じてシーメンスのイノベーションアジェンダを制定する	・シーメンスとの共同研究を実施する Center of Knowledge Interchange (CKIs) University を 9 校選定 ・シーメンスの CKI Manager が協業を推進	・シーメンスの知的財産の保護を担う	・シーメンスのデジタル化を支援 ・シーメンスが開発する Mind Sphere（産業用 IoT プラットフォーム）の開発も担う	・SCM や PLM におけるシーメンスオペレーティングモデルの展開 ・5,300 名の認定プロジェクトマネージャーや 640 名の認定製造技術者を有する
目的	OT と IT の融合	OT の革新的技術の開発（S カーブ）	将来事業機会の探索（S カーブ）	革新的技術シーズの探索	オープン＆クローズ戦略の策定	デジタルプラットフォームの開発	事業化推進

（出典）　Siemens AG ホームページを基に KPMG 作成

　Next47設立以前のシーメンスは，CT 傘下に①社外で開発されたデジタル技術とシーメンスをつなげる Technology to Business（TTB），②破壊的なビジネスアイデアを社内に取り込む Siemens Novel Business（SNB），③革新的なシーメンス内の技術を社外に提供する Siemens Technology Accelerator（STA）という 3 つのエンティティがあった。実現を目指すイノベーションタイプ（技術 or ビジネスアイデア）とイノベーションフロー（社内から社外／社外から社内）に応じてイノベーションの活動主体を区別してきた経緯がある。
　Next47は，シーメンスが展開する市場において，迅速なプロトタイプを迅速に実現すること，分散している組織のつながりを強化することで連携スピー

ドを向上させること，という2つの目的を達成するために，TTBおよびSNB
の機能を吸収する形で2016年に設立された。Next47，CT，STAは，各々独
立して運営されてはいるが，オープンイノベーションの獲得という同じ機能を
有する組織として緊密な連携が図られている。

図表6－2	CTとスタートアップ投資関連エンティティとの関係性の変遷

CTとNext47の関係／各組織の機能（～2016年）　　　　CTとNext47の関係／各組織の機能（2016年～）

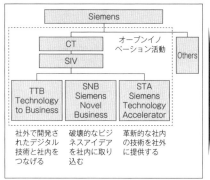
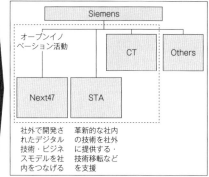

（出典）　各種公開情報を基にKPMG作成

［2］　スタートアップ関連エンティティにおける Next47の役割

　Next47の設立により，シーメンスには現時点で5つのスタートアップ関連
エンティティが存在することとなったが，各エンティティは，目的や役割を明
確化させることで，棲み分けが図られている。具体的には，エネルギー・環
境・自動化・製造業・公共インフラ・ヘルスケアといったシーメンスのコアビ
ジネスの改革にとって，有用ではあるが自社で保有しない技術やビジネスアイ
デアを投資対象とする Next47，コアビジネスの競争力向上に資するイノベー
ティブなテクノロジーを投資対象とする Next47 Services GmbH，発電や輸送
に関連したグリーンインフラプロジェクトを中心に投資対象とする Siemens
Project Ventures GmbH，シーメンスが有する技術の移転や販売，ライセンシ
ング分野で高い専門性を提供する Siemens Technology Accelerator GmbH

(STA)，中国市場において人民元建て取引を投資対象とする Siemens Venture Capital., Ltd. という形で区分されている。

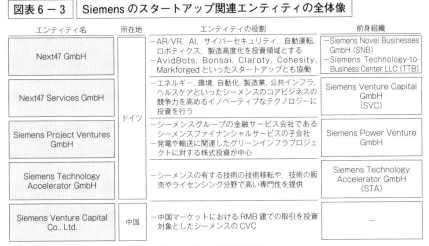

図表6－3	Siemens のスタートアップ関連エンティティの全体像

エンティティ名	所在地	エンティティの役割	前身組織
Next47 GmbH	ドイツ	－AR/VR，AI，サイバーセキュリティ，自動運転，ロボティクス，製造高度化を投資領域とする －AvidBots, Bonsai, Claroty, Cohesity, Markforged といったスタートアップとも協働	－Siemens Novel Businesses GmbH (SNB) －Siemens Technology-to-Business Center LLC (TTB)
Next47 Services GmbH		－エネルギー，環境，自動化，製造業，公共インフラ，ヘルスケアといったシーメンスのコアビジネスの競争力を高めるイノベーティブなテクノロジーに投資を行う	Siemens Venture Capital GmbH (SVC)
Siemens Project Ventures GmbH		－シーメンスグループの金融サービス会社であるシーメンスファイナンシャルサービスの子会社 －発電や輸送に関連したグリーンインフラプロジェクトに対する株式投資が中心	Siemens Power Venture GmbH
Siemens Technology Accelerator GmbH		－シーメンスの有する技術の技術移転や，技術の販売やライセンシング分野で高い専門性を提供	Siemens Technology Accelerator GmbH (STA)
Siemens Venture Capital Co., Ltd.	中国	－中国マーケットにおける RMB 建ての取引を投資対象としたシーメンスの CVC	－

（出典）　Siemens Annual Report 2019を基に KPMG 作成

［3］　財務リターン創出のためのエコシステム

　Next47においては，財務リターン創出という CVC 設立の目的達成に資する組織構築および人材配置が徹底されている。これにより，シーメンスのエコシステムを活用したスタートアップの成長支援に投資後すぐに取り組むことが可能な体制が敷かれている。その競争優位性が，財務リターンの創出が期待できる有望なスタートアップへの投資を実現させるエコシステムとして機能しているのである。

［4］　合目的的な組織体制および人材配置

　Next47は，シーメンス本社のあるミュンヘンを始め，パロアルト，ロンドン，パリ，ストックホルム，ヘルツリーヤ，北京の7拠点で展開している（**図表6－4**）。組織としては，①スタートアップへの投資を実行するキャピタリス

ト集団である Global Investment, ②マーケティング, 法務, コンプライアンス等に対応する Global Functions, ③アクセラレータプログラムの運営等, シーメンス内外のイノベーションから新事業を創出する Next47 Accelerator, ④シーメンスのエコシステムを活用してスタートアップの成長を支援する Global Catalyst, という4つの主要部門で構成されている。Global Catalyst は, 投資実行部隊である Global Investment とほぼ同水準の人員を抱えていることからも, Next47がスタートアップの成長支援を重要視していることが見てとれる。

　拠点別に見ると, シーメンス本社と近接しているミュンヘンオフィスには全機能が配置され, 人員配置も最大規模となっている。特に Next47 Accelerator は, ミュンヘンオフィスのみが有する組織・機能であり, シーメンス本体との強いコラボレーションを意識していることが感じられる。ミュンヘンに次ぐ人員数を抱えるパロアルトは, 特にキャピタリストの大半が当該拠点に在籍して

図表6－4	Next47の組織体制

			拠点別人員配置							
COO/CTO Roland Busch	Managing board of Siemens AG			合計	Palo Alto	Munich	London	Paris	Stockholm	Herzliya	Beijing
CEO Lakshmikanth Ananth	Global Investment	スタートアップへの投資を実行するキャピタリスト集団	18	8	4	4	－	－	2	－
	Global Functions	マーケティング, 法務, コンプライアンス等に対応する組織	3	2	1	－	－	－	－	－
CFO Eva Riesenhuber	Next47 accelerator	アクセラレータプログラムの運営など, シーメンス内外のイノベーションから新事業を創出するための組織	7	－	7	－	－	－	－	－
Partner Robert Hardt	Global Catalyst	シーメンスのエコシステムを活用して, スタートアップの成長支援を実行する組織	15	5	7	－	1	1	－	1
	Other	N/I	5	2	3	－	－	－	－	－
			48	17	22	4	1	1	2	1

（出典）　Next47ホームページ, Pitchbook を基に KPMG 作成

いることからも，重要拠点と位置づけられていることがうかがえる。一方，ロンドン，ヘルツリーヤには Global Investment のみ，パリ，ストックホルム，北京には Global Catalyst のみが配置されており，各国の有望スタートアップへのソーシング拠点となっている。

　Next47の人材配置へのこだわりは，各組織を構成するメンバーのバックグラウンドに表れている。投資のプロが必要となる Global Investment の94％は，VC，PE，投資銀行出身者など，外部キャピタリストから招聘した人材で構成されており，ファイナンスやスタートアップへの知見・実績を有するまさにプロのキャピタリスト集団といえる。また，Global Investment は，技術または地域で細分化した「ユニット」と呼ばれる単位で構成されており，ファイナンスやスタートアップへの知見・実績もさることながら，技術や市場にも造詣が深いキャピタリストを採用することにより，ソーシング精度の向上や意思決定の迅速化を企図している模様である。

　Global Functions の67％は外部から招聘した人材で構成されており，大企業でマーケティングや人事領域を担当した経験を有するマネジメントクラスを中

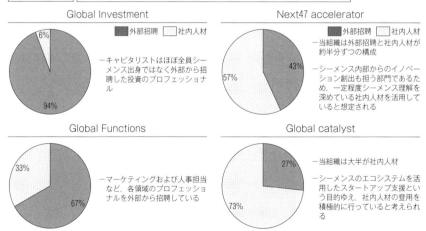

| 図表 6 − 5 | Next47の部門別に見る社内人材，外部人材の活用状況 |

Global Investment

■外部招聘　□社内人材

6%
94%

ーキャピタリストはほぼ全員シーメンス出身ではなく外部から招聘した投資のプロフェッショナル

Next47 accelerator

■外部招聘　□社内人材

43%
57%

ー当組織は外部招聘と社内人材が約半分ずつの構成

ーシーメンス内部からのイノベーション創出も担う部門であるため，一定程度シーメンス理解を深めている社内人材を活用していると想定される

Global Functions

33%
67%

ーマーケティングおよび人事担当など，各領域のプロフェッショナルを外部から招聘している

Global catalyst

27%
73%

ー当組織は大半が社内人材

ーシーメンスのエコシステムを活用したスタートアップ支援という目的ゆえ，社内人材の登用を積極的に行っていると考えられる

（出典）　Next47ホームページ，Pitchbook を基に KPMG 作成

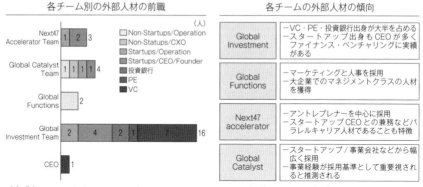

図表6－6　Next47各部門別の外部人材のバックグラウンド

各チーム別の外部人材の前職

（人）

Next47 Accelerator Team	1	2	3	
Global Catalyst Team	1	1	1	4
Global Functions	2			
Global Investment Team	2　4　2　1　7　16			
CEO	1			

□ Non-Startups/Operation
□ Non-Startups/CXO
▦ Startups/Operation
▨ Startups/CEO/Founder
■ 投資銀行
■ PE
■ VC

各チームの外部人材の傾向

Global Investment	－VC・PE・投資銀行出身が大半を占める －スタートアップ出身もCEOが多くファイナンス・ベンチャリングに実績がある
Global Functions	－マーケティングと人事を採用 －大企業でのマネジメントクラスの人材を獲得
Next47 accelerator	－アントレプレナーを中心に採用 －スタートアップCEOとの兼務などパラレルキャリア人材であることも特徴
Global Catalyst	－スタートアップ／事業会社などから幅広く採用 －事業経験が採用基準として重要視されると推測される

（出典）　Next47ホームページ，Pitchbook，LinkedInを基にKPMG作成

図表6－7　Next47投資領域細分化の状況

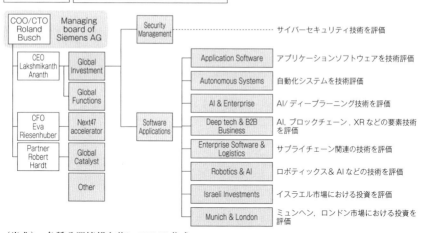

（出典）　各種公開情報を基にKPMG作成

心に，各領域のプロフェッショナルを揃えている。一方で，シーメンスとの連携が求められるNext47 Acceleratorは，50％以上がシーメンスの社内人材で構成されており，外部から招聘した人材はアントレプレナーが中心である。

　Next47の事業競争力の源泉であるGlobal Catalystは，70％以上が社内人材

で構成されており，外部招聘メンバーは事業会社経験者が多く採用されている。（図表 6 − 5 ）。

　Next47は，設立から年を重ねるごとにあるべき組織像に近づいている。設立以降の人員数を組織別に見ると，設立時に Global Investment のみであった組織に，翌年以降は他の組織が加わり，さらにキャピタリストの増員に伴って Global Catalyst の拡充を進めながら，設立から 4 年ほどが経過した今，**図表 6 − 8** に示す機能配置に至っている。

図表 6 − 8　　Next47各部門の人員拡充推移

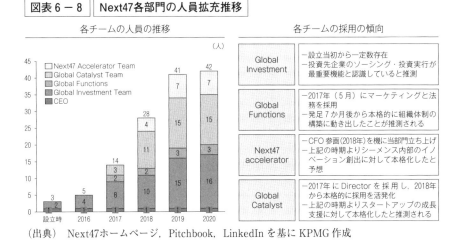

（出典）　Next47ホームページ，Pitchbook，LinkedIn を基に KPMG 作成

［ 5 ］　スタートアップの成長支援に向けた取組み

　Next47のスタートアップに対する成長支援の取組みは，投資前と投資後の 2 段階で行われる。まず，投資前における成長支援は，事業間シナジーの評価である。これは，投資実行後にスタートアップとシーメンス間でシナジーが生まれなかったというミスマッチを防ぐ事前の策である。さらに，シーメンスが有する "Factory"[1] と呼ばれる施設にスタートアップを誘致し，シーメンスの資産を活用することでスタートアップの事業が加速するか否かを検証する。なお，内部でシナジーを評価するのが難しい場合には，Next47は外部の第三者

機関に客観的評価を委託することも厭わない。

　投資後におけるスタートアップの成長支援は，前述のとおり Global Catalyst が担っている。Global Catalyst は，3つの施策によってスタートアップへの支援を投資後速やかに開始する。1つ目は，"X Businesses" である。これは，シーメンスが展開する全16のビジネスユニットに対して投資先スタートアップを紹介し，潜在的な顧客獲得や受注拡大といった直接的な事業成長を支援するものである。2つ目は，"X Regions" である。これは，シーメンスが強みを有する米国およびヨーロッパ市場を対象に，スタートアップが展開する市場の拡大を支援するものである。3つ目は，"X Customers" である。これは，シーメンスがコアカスタマーとして定義する15社以上の主要顧客にスタートアップを紹介し，顧客基盤の拡大を支援するものである。

　ここで，2017年に Next47が投資した Bonsai に対する成長支援事例を紹介する。Next47の前身である TTB が，投資実行前から NVIDIA 等と共同で Bonsai のプラットフォーム構築，テスト，改修等をサポートしており，シリーズＡの資金調達ラウンドの段階で，M12や ABB technology ventures 等と共に総額760万ドルの投資を2017年に実行した。Global Catalyst は，投資直後からシーメンスのモーションコントロールサービス部門と共同で Bonsai の PoC に着手し，シーメンスが有する CNC（コンピュータ数値制御）マシンに Bonsai の AI プラットフォームを搭載することにより，AI の CNC モデル高度化を支援した。熟練技術者の30倍以上という驚異的な速度の数値制御を投資からわずか1年あまりで実現させると，マイクロソフトによる Bonsai の全株式買収という Exit が結実した。これらの支援を担当した Global Catalyst のメンバーは，Bonsai 等に対する支援が評価され，Global Corporate Venturing（GCV）が毎年選出する Rising Star Awards 2019を受賞している。

1　Factory とは，シーメンスの研究開発施設であり，投資対象スタートアップとのシナジーが見込まれるシーメンス事業関連設備を設置し，スタートアップが有する技術やシステムを適用した実験を行うことで，シーメンスの保有資産によってスタートアップのバリューアップに貢献できるか否かを検証する場である。

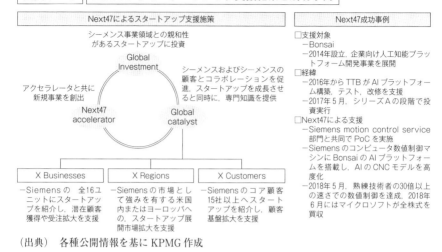

Next47によるスタートアップ支援施策	Next47成功事例

シーメンス事業領域との親和性があるスタートアップに投資

Global Investment

シーメンスおよびシーメンスの顧客とコラボレーションを促進，スタートアップを成長させると同時に，専門知識を提供

アクセラレータと共に新規事業を創出

Next47 accelerator

Global catalyst

X Businesses	X Regions	X Customers
－Siemensの全16ユニットにスタートアップを紹介し，潜在顧客獲得や受注拡大を支援	－Siemensの市場として強みを有する米国内またはヨーロッパへの，スタートアップ展開市場拡大を支援	－Siemensのコア顧客15社以上へスタートアップを紹介し，顧客基盤拡大を支援

□支援対象
－Bonsai
－2014年設立，企業向け人工知能プラットフォーム開発事業を展開
□経緯
－2016年からTTBがAIプラットフォーム構築，テスト，改修を支援
－2017年5月，シリーズAの段階で投資実行
□Next47による支援
－Siemens motion control service部門と共同でPoCを実施
－Siemensのコンピュータ数値制御マシンにBonsaiのAIプラットフォームを搭載し，AIのCNCモデルを高度化
－2018年5月，熟練技術者の30倍以上の速さでの数値制御を達成，2018年6月にはマイクロソフトが全株式を買収

（出典）　各種公開情報を基にKPMG作成

［6］　Next47の事例から得られる示唆

　Next47のケースから得られる示唆としては，次の4点が挙げられる。

① 技術領域を細分化し，各領域に精通したキャピタリストを配置することで有望な技術やビジネスアイデアを選定する

② 社内外の知見や資産を活用してスタートアップと自社の事業シナジーを分析することにより，投資後の成長支援余地を評価する

③ 仕組み化されたスタートアップの成長支援を投資直後から実行する

④ スタートアップに選ばれる存在となることにより，有望なスタートアップへの投資機会が拡大するというエコシステムを確立する

　Next47は，CVCの設立自体が目的化してしまうケースや，マネジメントや他部門に過剰に配慮することでCVCの運営が一貫性に欠けてしまうといったケースが散見される国内CVCにとっては示唆に富んだ事例である。

優良スタートアップ探索の要素分解				Next47の取組
優良スタートアップの探索	投資家がスタートアップを見つける	スタートアップのインナーサークルに入り込み、情報をいち早く入手する	すでにインナーサークルに属するキャピタリストの招聘等、リソースを確保する	－Global Investment チームはほぼ全て外部から招聘したキャピタリストで構成 －投資領域を細分化し、各領域に精通したキャピタリストを配置
	スタートアップが投資家を選ぶ	スタートアップが当該企業からの投資受け入れによって得られるメリットが大きい	スタートアップと事業会社の事業間シナジー評価を正確に行う	－スタートアップの技術評価に関しては、社内事業部の評価に加えて、外部機関に客観的評価を委託することも検討 －社内の"Factory"にスタートアップを誘致し、スタートアップの事業がSiemensの資産活用により加速するか実証
			投資企業において投資先スタートアップのバリューアップ支援体制が確立されている	－投資後速やかにGlobal Catalyst チームがスタートアップの支援を開始 －Siemensの全BU、Siemensの主要取引先にもスタートアップを紹介し、技術提供や顧客開拓を着実に支援
		投資家の投資判断が早い	CVCに権限移譲がなされており、速やかな投資実行が可能	－通常のVCと同様の投資判断プロセスが存在するものの、Siemensの関連テクノロジー領域とのシナジーを検討したうえで、2か月以内に投資を判断 －(情報機密性ゆえに、具体的な権限移譲レベルについては情報なし)

（出典）　各種公開情報を基に KPMG 作成

6-2　GE ベンチャーズ

［1］　近年の GE ベンチャーズの動向

CVC の方針転換による人材流出および組織再編

　GE の CVC として2013年に設立された GE ベンチャーズは，GE の既存事業の拡大や促進に向けた戦略リターンの創出を目的として運営されてきた。積極的なスタートアップ投資により，2017年には Google ベンチャーズやインテルキャピタルなどに次ぐ CVC の代表的企業として名を連ねるまでになった[2]が，

2　2017年に積極投資を行ったグローバルの CVC ランキング Top10で，2017年に 5 位であった GE ベンチャーズは，2018年にはランク外となっている（CBINSIGHT 調べ）。

近年は親会社である GE の経営不振を受けて方針が転換され，主要投資先を売却するなどしたことから，2019年頃より人材流出が続いている。足元では GE ベンチャーズも組織再編の対象となっているものと推察され，同社は過渡期にある。しかしながら，設立以降数年間の成功要因や親会社との関係性など，日系企業が CVC を運営するための参考として，本節で GE ベンチャーズを紹介したい。

［2］ CVC 設立の背景

スタートアップを活用して既存事業の拡大を目指す

GE は，傘下の CVC として，2013年1月に米国のシリコンバレーを本拠地[3]とする GE ベンチャーズを設立し，スタートアップに対する投資を加速させてきた。GE ベンチャーズの目的は，自社の既存事業を拡大・促進すべく，長期的な戦略リターンを創出することにあった。したがって，エネルギーやヘルスケアなどの主力事業の他，ソフトウェアや先進製造技術など，GE 全社に共通するコア技術を取り込んでいた。

GE ベンチャーズを設立するまでの GE は，GE キャピタルの投資部門（当時）が中心となって1995年よりスタートアップへ投資し始め，2010年よりエネルギー事業に関連するスタートアップに投資したり連携プログラムを構築したりするなど，投資を積極化させてきた。その後，IoT 技術の登場により，コングロマリットである GE にとってもデジタル化への対応が喫緊の課題となった。これを受けて GE は，デジタル技術の活用も視野に入れた事業ポートフォリオの再編に向けてスタートアップ技術の取込みを強化すべく，GE ベンチャーズを設立した。設立に先立って，GE キャピタルや GE の事業部から内部人員を登用しつつ，キャピタリストを外部から採用し，スタートアップと GE の事業部との連携を強化するための体制を構築した。また，GE と有機的な連携を可

3　GE ベンチャーズは，シリコンバレーの Menlo park に加え，Boston（米国），Chicago（米国），Tel Aviv（イスラエル）などに拠点を有する。

能とするために，投資実行の中心となる"Equity Investing"ユニットに加え，スタートアップ技術とGEの特許ポートフォリオを整備する"Licensing"ユニット，スタートアップと新会社を設立する"New Business Creation"ユニットをGEベンチャーズ内部に設置した。

注力領域と投資実績

GEベンチャーズは，より先進的な技術を取り込むことを意図したアーリーステージのスタートアップへの投資をしつつ，投資回収リスクを低減するためにレイターステージのスタートアップへも投資しており，ステージごとに投資を分散させている。アーリーステージ／レイターステージのスタートアップに対し，2020年5月時点で259件[4]のマイノリティ出資（出資比率15％以下）を実施している。

GEベンチャーズの方針は，上述のとおりGEの既存事業の拡大・促進である。2017年当時のGEは，「エネルギー」，「ヘルスケア」，「ソフトウェア」，「先進製造技術（例：3Dプリンティング）」を戦略事業と位置づけていたこともあり，GEベンチャーズもこれらの事業に関連した投資を行っている。具体的には，太陽電池システムを開発するSolar edge（本社・イスラエル），ソフトウェアプラットフォームを開発するPivotal（米国），医療診断CT技術を開発するHeartFlow（米国）などに対する投資が挙げられる。

［3］ GE本体の経営不振による影響

財務リターンの強化

GEベンチャーズは，戦略リターンの創出を基本方針としていたが，GE本体が経営不振に陥ってCEOが交代したことにより，この基本方針も変更を余儀なくされている。GEベンチャーズの設立時には，戦略リターンの創出に向

---

4 ステージ別の投資件数比率は，投資ステージが判明している251件のうち，アーリーステージ約43％，レイターステージ約50％，その他約7％となっている。

けたスタートアップ投資を積極的に指示していた Jeff Immelt 氏が GE の CEO を務めていた。しかしながら，コスト削減を重視する John Flannery 氏に CEO のバトンが渡ると，GE ベンチャーズも収益性の確保に迫られることとなり，それまでの戦略リターン重視から財務リターンも重視する方針へと変更されたものと推察される。2017年以降に投資件数，投資額ともに減少していることは，GE ベンチャーズの設立当初の趣旨に沿った積極的な投資が困難になったことのあらわれであろう。**図表 6 − 11**は，GE の歴代 CEO の在任期間と GE ベンチャーズの投資推移である。なお，GE ベンチャーズの人員数の推移は示していないが，投資活動の減少に伴って人材の流出が加速したと考えられる。これは，親会社の経営方針の影響を強く受けた結果，CVC 活動が立ち行かなくなったケースであり，CVC の運用の難しさを示している。

| 図表 6 −11 | 歴代 CEO と GE ベンチャーズの投資推移 |

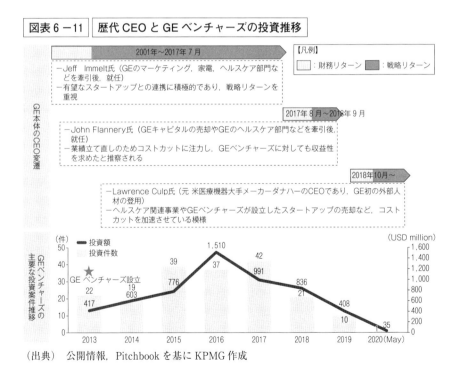

（出典）　公開情報，Pitchbook を基に KPMG 作成

［4］ 戦略リターン・財務リターンの創出に向けた取組み

KPI に対する考え方

　戦略リターンと財務リターン双方の創出を企図している GE ベンチャーズは，戦略リターンは定性的に，財務リターンは IRR を中心に測定している。

　GE ベンチャーズは，戦略リターンの測定に際し，スタートアップごとの KPI を重視している。年間の目標投資件数などは定めておらず，"スタートアップが GE に製品を売るのか，GE がスタートアップに製品を売るのか"，"共同開発を行うのは製品なのか，サービスなのか"，といった観点を設けている。スタートアップが保有するケイパビリティや GE の事業部が重視する項目と照合しながら，個々に KPI を設定しているものと推察される。

GE との連携状況

　GE ベンチャーズを構成する Equity Investing, Licensing, New Business Creation の3ユニットを統括する CEO は，設立当時から2019年まで Sue Siegel 氏が担っていた。同氏が退任するまでの GE ベンチャーズは，主に GE の Business Innovation 部門の管轄下に置かれていた[5]。Business Innovation 部門は，GE 全体の新規事業開発やマーケティングを統括する部門である。

　GE ベンチャーズは，GE の事業部と直接連携しているものと思われる。**図表6－12**は，投資案件の発掘から実行に至るまでの GE ベンチャーズと GE の連携フローを示している。

　まず，投資対象となり得るスタートアップについて，GE ベンチャーズ内で有望度を検証する。その後，GE の事業部と連携を図りながら既存事業とのシナジーについて協議し，有望と判断されれば GE の研究開発機関である GE Global Research Center と技術的なポテンシャルなどを確認した後に投資委員

5　2020年現在，GE ベンチャーズは，GE 全社のポートフォリオ戦略を担う Corporate Business Development 部門の管轄下へと変更している模様。

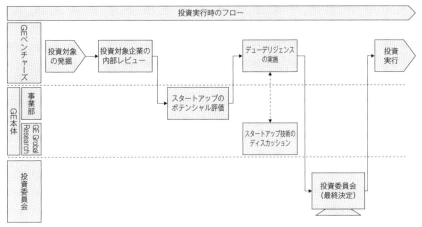

| 図表 6 −12 | 投資実行までの GE ベンチャーズと GE 本体との連携フロー |

投資実行時のフロー

GEベンチャーズ → 投資対象の発掘 → 投資対象企業の内部レビュー → デューデリジェンスの実施 → 投資実行

スタートアップのポテンシャル評価

スタートアップ技術のディスカッション

投資委員会（最終決定）

事業部 / GE Global Research（GE本体）

投資委員会

（出典）　公開情報などを基に KPMG 作成

会に諮られる。投資判断に至るまでに，GE ベンチャーズ社内だけでなく，GE の事業部や GE Global Research Center と都度連携が必要であり，そのステップは煩雑な面はあるものの，事業部と直接連携が図られることによって，戦略リターンの創出には寄与するであろう。

［5］　GE ベンチャーズの評価制度・報酬制度

■ キャピタリストの評価制度と報酬制度

　同社では，戦略リターンだけでなく投資リターンも重視されているが，財務リターンを年度単位で評価するのは困難であることからすると，キャピタリストに対する定量的な評価は実施されていないものと推察される。キャピタリストの報酬は，基本給とボーナスの他，一部のポジションに対する業績連動賞与で構成されている。

［6］　日本企業への示唆

CVC 組織の継続性の担保

　GE ベンチャーズは，数年にわたって積極的な CVC 活動を展開しており，順調な CVC と認識されていた。しかしながら，2019年頃から人材流出が加速し，現在では組織としての存続も危ぶまれる状況となっている。この急激な変化をもたらした原因はどこにあるのか？　最大の原因の1つは，親会社である GE の業績が悪化したことに伴って行われたコストカットの影響が挙げられる。GE ベンチャーズは，戦略リターンを重視し，GE の定める戦略事業に沿うスタートアップ投資を積極的に行ってきた。しかしながら，GE がコストカットを重視するあまり，GE ベンチャーズも財務リターンを重視せざるを得なくなり，投資の抑制や，ヘルスケアなどの重要投資先の株式売却などが加速している。キャピタリストの報酬削減による影響なども想定されるが，戦略リターンを狙う CVC としての魅力度の低下がキャピタリストのモチベーション低下につながり，人材の流出にも繋がった面があるであろう。

　この GE ベンチャーズの事例は，親会社の主要事業が傾きかけた時点で，CVC の投資対象領域や事業部との連携方法の見直しを図る必要があること，すなわち，「ピボット」を能動的に行うことの重要性を示唆しているのではないだろうか。親会社の経営不振の影響を受けることは，CVC である以上は不可避である。しかしながら，中長期的な CVC 運営のためには，一定の収益性を確保することやキャピタリストの流出を防ぐ，といった対策が必要となろう。また，親会社の経営状況に応じて，CVC と親会社事業部との連携方法を見直すなどの「ピボット」も重要となる。

パナソニックベンチャーズ

［1］　CVC の設立背景

■ 将来の事業立地開拓を目指す

　パナソニックは，米国（シリコンバレー）を本拠地とする CVC として，2017年 4 月にパナソニックベンチャーズを設立し，スタートアップ企業に対する投資を加速させている。パナソニックベンチャーズの運営目的は，将来パナソニックの事業ポートフォリオの候補となる，有望な事業立地を開拓することにあり，既存事業に関連する短期的戦略リターンの追求ではない。言わば今ある事業よりも，むしろ将来パナソニックとして持つべき事業を開拓するために，連携や活用の可能性があるスタートアップのロングリストを形成する役割を担っていると言える。

　パナソニックのスタートアップへの投資は，パナソニックベンチャーズの設立以前から実施されている。1998年より，米国を拠点としながら家電機器のデジタル化を支える技術を中心に（デジタルセンシング技術，３Ｄテレビ技術など）40件ほどの投資実績がある。当時の投資方針は，パナソニック本社のR&D 部門を軸とした技術探索が中心であり，既存事業との親和性を重視する傾向があった。テレビ，ビデオ，オーディオなど，揺るがない位置づけの強いハードウェアビジネスが社内に多く存在しており，それらに対してスタートアップが持つ新しい技術，商品を付加，追加，取り込む形で効率的かつ効果的に活用することができた。また，スタートアップ側も自社の技術が大手エレクトロニクスメーカーに採用されることによる事業拡大など，それぞれがメリットを享受していた。一方で，インターネット時代が巻き起こしたあらゆる変化がパナソニックを取り巻く環境にも影響を及ぼしたことは言うまでもなく，ハードを強みとして競争力を発揮していくのは困難な時代となった。既存事業

に固執していては競争優位を保つことができないという危機感から，将来の事業立地のあり方を探索していくことが最重要課題の1つになったのである。それまでのやり方では，既存事業との戦略リターンを獲得することはできるものの，新規の事業領域を掘り起こしていくという視点が乏しく，また，意思決定スピードが遅いという課題も顕在化していた。そこで，R&D部門ではなく，事業立地の獲得を視野に入れた長期的な事業ポートフォリオ戦略やM&Aに取り組む本社の戦略部門が中心となり，CVCの取組み方針を新たに軌道修正したのである。こうした背景のなかで2017年に設立されたパナソニックベンチャーズの特徴としては，下記の4点が挙げられる。

【財務リターンをKPIとするCVC活動】

　既存事業とのシナジー創出に縛られないようにするために，KPIに財務リターンをおいた。将来のパナソニックが進むべき方向，持つべき事業ポートフォリオを見出すためには，中長期的にスタートアップを探索し，投資しながら，そこから得た情報を基に成長していく産業や事業分野を見極めていくことが重要となる。スタートアップ自身が利益を創出し，大きく成長していくことが，当該産業や事業分野が拡大していくことを表していると考え，それが結果としてCVCの収益性に反映されるはずという理解の下，財務リターンをCVC活動の健全性や妥当性を測るKPIとしている。

【プロフェッショナル人材の登用】

　パナソニックの既存事業にとらわれない領域でスタートアップ投資を実施するに際しては，その投資ノウハウはもちろんのこと，有望なスタートアップを選定する目利き力が必要である。これらが自社に不足している場合には，投資業界のインナーサークルに入り込み，質の高い情報を取得することが有用である。パナソニックベンチャーズでは，米国有数のCVCであるインテルキャピタル出身者と，VCであるクライナー・パーキンスでの投資実績を有する人員をベンチャーキャピタリストとして登用した。

【迅速な意思決定】

パナソニックベンチャーズが1億ドル（約110億円）[6]の投資権限を持ち，シリコンバレーにおいてスタートアップとの迅速な連携を可能としている。

【"パナソニック"にとらわれない投資】

米国での活動の際には，ブランド名として"Conductive Ventures"の名称を用いている。これは，パナソニックの既存事業にとらわれることのない新しい産業や事業領域を探索するために，スタートアップ側にも先入観を与えないようにという配慮からの措置である。

上記の特徴を踏まえると，パナソニックベンチャーズは，CVCでありながらも将来の産業・事業立地を開拓していくというその目的から，運営方針や制度面では限りなくVCに近いものであると言える。

投資実績と注力領域

現在，パナソニックベンチャーズは，PoCフェーズをクリアして，主要事業の収益が拡大し始めた段階のスタートアップを投資対象としている。出資比率20％未満のマイナー出資であるが，機会に応じてリードを取ることも辞さない。ファンド期間は10年で，これまで既に17件の投資を実行している。

投資領域は，ソフトウェアとハードウエアを含むB to Bが中心となる。その領域を表すキーワードとしては，例えば「モバイル」，「SaaS」，「AI」，「API」，「e-commerce」，「Fintech」，「ウェアラブル」，「インダストリアルIoT」，「ロボティクス＆ドローン」，「AR／VR」，「3Dプリンティング」，「自動運転・ADAS」，などが含まれる。これまでの出資先の中には，ウェアラブル機器向けに極端な低消費電力化が実現可能なマイコンを開発するAmbiq Micro（本社・オースティン）や，数十種類の材料に対応した金属3Dプリンターを製造

6　2017年4月時点の為替レート1 USD＝110JPYに基づく換算。

する Desktop Metal（ボストン），SNS 上の情報を収集・分析して利用可能な状態に変換するデジタルマーケティングツールの Sprinklr（ニューヨーク）など，幅広いスタートアップが含まれており，パナソニックの既存事業にとらわれない幅広い出資先になっていることがわかる。

［2］　財務リターン創出に向けた取組み

■ KPI に対する考え方

前述のとおり，KPI は財務リターンのみである。ただし，ファンド（運用期間10年）の Exit までは，ポートフォリオの簿価をモニタリングする。

■ パナソニック本社との連携状況

戦略リターンの創出を一義的な目標とする一般的な CVC では，事業部との緊密な連携が重要視される一方，その連携方法が課題となっているケースも散見される。将来の新規事業領域の探索を目的としているパナソニックベンチャーズは，投資先の事業内容と，それに付随する非投資先も含めた業界情報，トレンド情報を中心にパナソニック本社と共有するのが中心で，パナソニック側では本社部門であるコーポレート戦略本部が窓口となっている。同本部では，将来を含めたパナソニックの事業ポートフォリオと，それらを変革していくための M&A やアライアンスの立案・検討を実施している。パナソニックベンチャーズの統括責任者が同部門傘下のベンチャー戦略室の室長を兼務することにより，将来におけるパナソニックの事業との親和性を逸脱した投資を回避することが可能な体制を採っている。

［3］　パナソニックベンチャーズの評価制度・報酬制度

■ キャピタリストの登用

パナソニックベンチャーズの人員は，2020年時点で 7 名である。同社の特徴

としては、インテルキャピタルとクライナー・パーキンス出身者を2名採用し、彼らを中心に投資を行っている点が挙げられる。パナソニックは、1998年以降米国でスタートアップ投資を行う中で、現地での情報収集の重要性を認識したことから、パナソニックベンチャーズの設立に際して現地のプロフェッショナル人材を採用することとしたのである。同社設立以前は、投資銀行やコンサルなど、外部から紹介を受けた多数の候補企業リストや、経験値が決して高いとは言えないパナソニックの社員による自前の調査・探索を基に投資先を選定していた。しかしながら、外部から提供されたリストだけでは情報の深さに限りがあり、有望なスタートアップの選定に苦戦していた。例えば、複数の顧客を獲得済みと公表していたスタートアップが、実は実証実験にとどまっており、技術コンセプトに加えて事業コンセプトが実証されているか否かを正しく評価できずに失敗するケースもあった。優れた投資実績を持つプロフェッショナル人材を登用することにより、現地のインナーサークルから質の良い情報を取得することができるようになったのである。スタートアップに対するデューデリジェンスでは、事業コンセプトの実証状況はもとより、マネジメントチームの経営能力や、リーダーシップをはじめとする会社としての総合的な力量を評価して将来的な投資リターンの見通しを得ることができるようになり、高いレベルのファンド運営が可能となっている。

　なお、前述のコーポレート戦略本部ベンチャー戦略室を兼任する統括責任者は、キャピタリストではないものの、将来のパナソニックにおける事業立地候補の探索に寄与する投資となり得るか否かの判断を含めて投資判断の権限を有している。これが、財務リターンをKPIとしつつも、単にそれのみを求めるファンド運営ではなく、将来のパナソニックにとっての事業領域内の投資たり得るか否かを見極めることに寄与している。

■ キャピタリストの評価方法

　前述のとおり、パナソニックベンチャーズの投資期間は10年であり、Exitまでの期間は長期にわたる。したがって、キャピタリストに対する定量的評価

は年度ごとでは実施されておらず，単年度のポートフォリオの簿価とともに，ソーシングの魅力度や，投資実行までのプロセスなどを定性的に評価している。

キャピタリストの報酬制度

キャピタリストの報酬は，ベース（基本給）と成功報酬から構成されているのが一般的である。パナソニックベンチャーズは，財務リターンを重視する方針でVCと同等のキャピタリストを採用しているため，そのベース給与はシリコンバレーのキャピタリストの給与標準テーブルを基に過去の実績・経歴を勘案して決定されている。成功報酬は，ファンドのリターンがトータルコストを超過した時点から分配される。なお，キャピタリストではない統括責任者の評価や報酬は，パナソニック本体における一般の職能社員の位置づけと何ら変わらず，同社の業績と評価指標に基づいて決定されている。

［4］ 日本企業への示唆

戦略リターンの創出なのか財務リターンの創出なのか？

パナソニックは，自社が将来進むべき方向，持つべき事業ポートフォリオを見極めるために，将来有望な産業立地や事業立地に関する情報を得ることを目的として，戦略リターンではなく財務リターンを強く意識したパナソニックベンチャーズを設立した。この背景にあるのは，パナソニックを取り巻く環境が大きく変化しており，既存の事業領域に囚われていては中長期的な競争優位性の確保が困難になるという危機感である。戦略リターンと財務リターンのどちらに注力すべきか，という視点は，各企業の現時点における事業の状況によっても異なることから，決してパナソニックの取組みがあらゆる企業にとって普遍的にあてはまると言うものではない。しかしながら，ベンチャー投資に関して有する長い歴史と規模でも最大を誇る北米においては，数多くのCVCが長きにわたって同様の取組みを続けてきた実績がある。新旧にかかわらず，米国で多くの企業がイノベーションを起こしてきたという事実と，財務リターンの

創出を意識することとの間に強い相関がうかがえる。自社の置かれている現状の事業環境に応じた CVC の実施手段のひとつとしてこうした方法論を参考にしつつ，戦略リターンと財務リターンについて検討することが重要な視点である。

目的に応じた制度設計の重要性

CVC を運営するにあたり，キャピタリストの評価や報酬に関わる制度設計をどのように推進すべきか，という課題に直面している企業は少なからず存在する。財務リターンに重点を置いて投資活動を行っているパナソニックベンチャーズの運営目的は，将来の産業立地・事業立地の探索である。すなわち，同社のキャピタリストには，投資経験だけでなく，パナソニックの事業立地探索に貢献し得るスタートアップを選定する目利き力も必要とされる。そのうえで，キャピタリストの登用に際しては，シリコンバレーの VC と同等の給与テーブル，インセンティブを設定し，採用活動を展開している。CVC でありながら，短期の事業シナジーへの貢献度を評価対象としていないことも，キャピタリストが活動しやすい環境を実現する一因となっている。

6-4 エーザイ

［1］ 中期経営計画で掲げる企業像の実現に向けた CVC 設立

"神経" と "がん"，2つの重点領域に係るイノベーション創出に向けた CVC の活用

エーザイは，2016年に発表した中期経営計画「EWAY2025」において，神経（ニューロロジー）とがん（オンコロジー）の2領域を戦略的重要領域と位置づけている。この2領域でフロントランナーとなり得る「立地」を見出すこ

とを重視しており，自らがイノベーションの中心的役割を果たすことをコンセプトとしている。

エーザイは，イノベーションの実現に向けて2019年にCVCを設立し，今後5年間で年間30億円，総額150億円の枠内で投資すると公表している。日本に加えて，米国のデジタルヘルス，バイオベンチャーの2大クラスターであるマサチューセッツ州ケンブリッジ，カリフォルニア州サンフランシスコにもサテライトオフィスを設置しており，CVCに対する経営陣の強い意気込みが感じられる。

■ イノベーション創出に向けたCVC推進組織の立ち上げ

CVCの活用にあたって，エーザイは，2019年にベンチャー投資の専任部署であるコーポレートベンチャーインベストメント（CVI）部を新設した。チーフストラテジーオフィサー（CSO）直下にCVI部を新設し，CSOがCVI部長を兼任することで，エーザイの経営戦略を体現するスタートアップ投資体制を採っている。

ベンチャー投資事業はグローバルに展開されており，東京のCVI部には日本・アジア室が設置されている。さらに，欧米でのベンチャー投資事業を円滑に進めるべく，米国には2019年にコーポレートベンチャーキャピタル子会社Eisai Innovation Inc.（EII）を設立し，ケンブリッジとサンフランシスコにオフィスを構えている。EIIは事業部とは独立したオペレーション体制を採っており，Board ChairはCSOが担っている。

図表6－13は，エーザイのCVC推進組織の概要である。社内の事業部を関与させていることから，戦略リターンの創出を目的としていることが読み取れる。CVI部とEIIは専任で投資活動全体を管理しており，各々オンコロジーとニューロロジーに精通したメンバーを抱えている。技術的な観点から戦略シナジーの有無を判断できるメンバーをCVC活動に専属で関与させることにより，意思決定スピードを確保しつつ，全社戦略との整合性が図られている。さらに，事業部からは，戦略リターンの創出可能性を判断したり，事業リターンの創出

を支援したりするメンバーを投資案件ごとに関与させて推進チームを組成することにより，戦略リターン創出の実現性を高めている。

図表6－13 エーザイの CVC 推進組織の概要

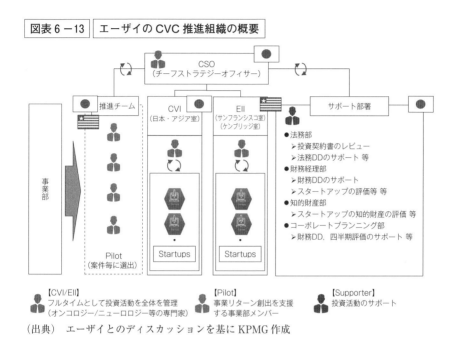

【CVI/EII】
フルタイムとして投資活動を全体を管理
（オンコロジー/ニューロロジー等の専門家）

【Pilot】
事業リターン創出を支援
する事業部メンバー

【Supporter】
投資活動のサポート

（出典）　エーザイとのディスカッションを基に KPMG 作成

［2］　CVC の継続性・投資規律を確立するための運営基盤の構築

■ ヘルスケア関連の投資環境を踏まえた投資ポートフォリオの策定

エーザイは，投資ポートフォリオを策定するに際して，投資全体の観点から様々な検討ポイント（投資地域，目標リターン，投資総額，回収時期等）をトップダウンで設計しながらスタートアップのステージや地域別にボトムアップでも検討し，最終的に双方の整合性を確認してポートフォリオを設計している。

図表6－14は，投資ポートフォリオの基本方針を示している。150億円の投

資予算に基づいて，一定の割合で直接投資予算とLP出資額に割り当てている。LP出資を投資予算の配分に組み込んでいることからは，スタートアップとのネットワークを持つVCファンドを通じて有望なスタートアップの情報を収集しようという狙いが読み取れる。また，直接投資の予算策定上は，新規投資枠と追加投資枠の予算比率が考慮されており，成長が見込める既存投資先への追加投資も想定してポートフォリオが設計されている。

　1社当たり投資額や投資件数は，ボトムアップで検討された各地域のヘルスケア関連の投資環境を踏まえて，CVC全体の直接投資予算の枠内で決定されている。その他にも新規・追加投資枠や地域別の投資予算など，投資ポートフォリオの鳥瞰図をCVC設立時点で検討することにより，投資規律の確立・維持に努めている。

図表6－14	投資ポートフォリオの基本方針

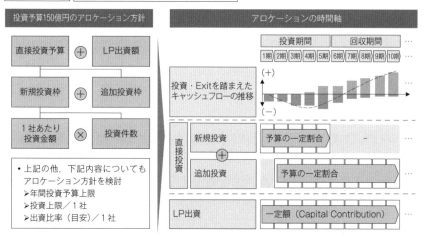

（出典）　エーザイとのディスカッションを基にKPMG作成

■ ヘルスケアのニーズを踏まえた投資領域の策定

エーザイは，オンコロジーとニューロロジー分野に焦点を当てて投資領域を

設定している。オンコロジー分野では，新たながん治療薬や創薬テクノロジーに加えて予防や早期診断のテクノロジーを，ニューロロジー分野では，様々な神経変性疾患で活用可能な創薬テクノロジー・モダリティを各々優先的な投資領域としている。また，創薬の他に，認知症を中心とした注力領域のエコシステム構築に資するデジタル関連および両領域にまたがる医療デバイス関連のスタートアップも投資対象とされている。

　エーザイは，投資領域を「イノベーション領域」と「ヘルスケアニーズ」の2軸で整理し，投資の優先度を判断している。具体的には，「イノベーション領域」では投資対象技術を，「ヘルスケアニーズ」ではヘルスケアのプロセス（予防，診断，治療，ケア）別にスタートアップの技術を，各々検討することにより，革新的な戦略シナジーの創出が見込まれる投資領域を設定している。また，こうした投資領域を策定することで，自社のCVCの目的と合致するスタートアップのソーシング・投資検討も可能となる。

　2軸で整理された各領域における投資対象の技術は，事業部とのディスカッションや，昨今のヘルスケアのトレンドを踏まえて具体化が図られている。具体的には，オンコロジー分野では，治療領域を中心としつつ，疾患前の前癌病変の予防・診断領域のテクノロジーを優先的な投資対象としている。また，ニューロロジー分野では，様々な神経変性疾患領域で活用可能なテクノロジー・モダリティを優先的な投資対象としている。定められた投資領域は，日々激変する環境変化に対応するために不変のものとはせずに必要に応じてアップデートが図られている。

■ グローバルでの迅速な意思決定に向けた投資委員会の運営方針の策定

　図表6－15は，エーザイの投資意思決定に関連する各種会議体を示している。週次の案件検討会議は，CVI部/EII，CSOの少人数構成とすることにより，初期的なスクリーニングとデューデリジェンスの意思決定が迅速に行われている。適時に開催される投資委員会においては，**図表6－16**のとおり投資意思決

図表 6 −15		投資検討に関連する各種会議体							

会議名	頻度	目的	参加者	1Q 4 5 6	2Q 7 8 9	3Q 10 11 12	4Q 1 2 3
執行役会	−	□投資委員会の権限を越える投資 /Exit の意思決定 ■年間の投資活動の評価	●執行役	執行役会のスケジュールに準ずる			
投資委員会	適宜	□投資検討 □Exit 検討	●執行役および執行役に準ずるメンバー数名	適宜実施			
案件検討会議	週次	□ディールフローの初期スクリーニング □DD 実施決定	●CVI/EII ●CSO	◆ ◆ ◆	◆ ◆ ◆	◆ ◆ ◆	◆ ◆ ◆

□：決裁事項　■：ディスカッション／情報共有

（出典）　エーザイとのディスカッションを基に KPMG 作成

図表 6 −16		投資委員会の運営方針

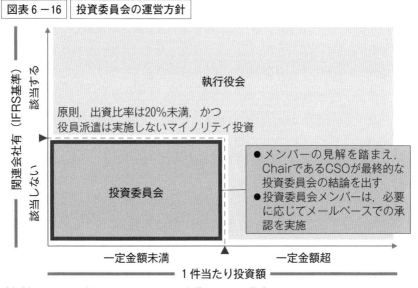

（出典）　エーザイとのディスカッションを基に KPMG 作成

定基準を明確化し，1件当たり投資額が一定金額未満かつ IFRS 適用会社以外の案件は執行役会を経ることなく投資委員会内で投資検討を行うことで，迅速な意思決定を可能としている。投資委員会の決議方式としては，一般的に全会一致と多数決があるが，いずれも発言力の大きい投資委員会メンバーの意見に全体が流される懸念がある。エーザイの投資委員会は，投資委員会の各メンバーの見解を踏まえつつも，Chair である CSO が最終的な投資委員会の結論を出し，CVC が組織としての独立性を保ちつつ，経営戦略を体現するための迅速な投資意思決定を可能とする体制を採っている。

［3］ CVC 活動の拡大に向けた取組み

投資機会の最大化に向けたソーシングネットワークの拡充

エーザイは，グローバルでの投資機会の最大化に向けて，ベンチャーキャピタル，大学・研究所関連，アクセラレーター等と連携してソーシング機会を拡大している。

米国の CVC 子会社である EII は，外部とのネットワークを構築するために，米国のスタートアップエコシステムに関する情報・ネットワークを有する人材をアドバイザーとして迎えている。これに加えて現地のベンチャーキャピタリストも採用し，ネットワークの拡大を多面的に図っている。日本の CVI 部も，ベンチャーキャピタリストとしての経験と投資領域であるヘルスケアの知見がある人材をキャピタリストとして採用することにより，エーザイが保有していない VC 等とのネットワークを新たに構築している。

また，エーザイは，社内のネットワークを活用したソーシングも行っている。国内外で研究活動を行うエーザイの研究者から，ポテンシャルのあるスタートアップの紹介を受けることで，信頼度の高いソーシングを可能にしている。エーザイの研究者は，自社が CVC 活動に取り組み始める以前から，技術的に未成熟で提携や共同開発には踏み切れないものの，将来性が有望なスタートアップの情報を保有していた。CVC を設立し，投資機能を持つことで，研究

者が持つスタートアップの情報にもアクセスすることが可能となり，ソーシング機会の拡充につながっている。このようにエーザイは，社内外のネットワークを活用することで，CVC 活動のソーシングエコシステムの構築に向けた取組みを着実に展開している。

■ スタートアップとのイノベーション共創に向けた事業部との連携

エーザイは，事業部・スタートアップとのイノベーション共創に向けて，CVC の運営メンバーと事業部間の連携を活発化させている。具体的には，投資前段階では，どのような戦略リターンが見込めるかという絵姿を CVC 運営メンバーで検討し，投資案件別にファイアウォールを適切に設定しつつ，事業部とディスカッションしている。このように，対象スタートアップの有望性や，見込まれるイノベーションについて事業部と連携しながら投資判断のプロセスを進めることにより，イノベーション創出の確度を高めている。

投資後は，スタートアップの開発状況等の技術動向に関する情報受領権を投資契約書内に盛り込むことで投資先をモニタリングし，CVC 運営メンバー間でスタートアップの状況を都度共有している。さらに，スタートアップとのイノベーションの共創を実現するためにコミュニケーションを図り，技術開発に必要なリソースや臨床試験データ等の情報を提供することも視野に入れている。投資後においても CVI 部／EII が継続的にスタートアップと事業部双方のニーズを踏まえて協業の方向性を模索することにより，スタートアップと事業部のコラボレーションを推進している。

6-5　凸版印刷

［1］　投資意思決定スピードを向上させるための CVC

凸版印刷は，1900年に印刷事業会社として創業し，現在は「印刷テクノロ

ジー」をベースに，①情報コミュニケーション事業分野，②生活・産業事業分野，③エレクトロニクス事業分野の3分野にわたり，幅広い事業を展開している。凸版印刷がCVC活動を開始したのは2016年8月と，比較的最近である。しかしながら，スタートアップ企業との積極的な対話は1990年代後半に始めており，スタートアップとの関係構築は20年以上前から継続している。

　1990年代といえば，液晶ディスプレイ市場が大きな変容を遂げ，技術は白黒からカラーへ，主要用途は小型電子機器からPCへと，その後のディスプレイ市場急成長の出発点となった時期である。エレクトロニクス事業と関係の深いディスプレイ市場が激的に変化している状況を目の当たりにし，今後の技術動向を見極めて自社が有すべき要素技術獲得のためのオープンイノベーション等を目的として，凸版印刷がスタートアップと対話を開始した時期と奇しくも一致する。当初は技術シーズの獲得を目的とした投資が主流であったが，2000年代に入ると，獲得した技術シーズの量産化や共同開発と，投資ステージは一段階先へと進んだ。しかしながら，この頃の投資対象は，依然として既存事業からの「滲み出し」レベルの領域に留まるものでしかなかった。最近は，よりいっそう顧客に対する付加価値向上や，長期的な成長を目的として，既存事業から距離の遠い領域へと徐々に拡大する方針に切り替えている。

　上述のとおり，1990年代後半から順調にスタートアップ投資による要素技術の獲得を積み重ねてきた同社であるが，その主導的な役割は，オープンイノベーションを調査していた経営企画本部が担ってきた。しかしながら，たとえ1円であっても経営会議や取締役会で投資承認が必要とされ，事業計画など，定量的投資判断資料がないステージにあるスタートアップや，自社の既存事業に近接しないスタートアップへの投資は，マネジメントに対する論理的な説明が困難であった。そうした経験から，投資意思決定スピードの向上を目的として，2016年にCVC活動を開始するに至るのである。

［2］　戦略シナジー創出型のCVC

　凸版印刷のCVC活動の目的は，事業開発を主軸とする戦略シナジーの創出

である。スタートアップ投資による①イノベーションの探索，②事業的／戦略的な協業，③要素技術開発の強化・補完，④バリューチェーンの補完，という4つの観点から戦略的意義や戦略シナジーを創出し，十分な営業キャッシュフローインパクトを与えるような次なる事業の柱を創出することをCVCの目的と定義している。

　戦略シナジーを早期に創出する観点から，2016年にCVC活動を開始して以降，凸版印刷は40社超に投資してきた。そこでの投資は，一定の事業基盤を有するスタートアップを前提としており，投資対象はシリーズA-Bが中心ではあるが，協業仮説・事業構想に応じて，フォローオン投資を含めてオールシリーズの投資を行っている。マイノリティ投資を前提としながらも，協業余地が大きく，戦略シナジーが見込まれる場合には，積極的にリードインベスターも務める方針である。また，現在は国内企業への投資が中心ではあるが，既にアメリカでの投資は2018年より着手・実行し，今後はヨーロッパやイスラエルといったスタートアップ文化が根付いた地域や，成長著しい東南アジアやインド等でのスタートアップ投資も強化する方針である。

　多くのCVCが，戦略シナジーを目的としながらも，直接投資以外にVCやファンドを通じたLP投資も同時並行で実行している事例は既に紹介したとおりであるが，凸版印刷CVC部もLP投資を実施している。その背景は，財務リターンを最低限確保するというよりは，ファンドやベンチャーキャピタルとの関係性を構築することを通じたソーシングネットワークの強化や，直接投資の方向性に対する「答え合わせ」的な位置づけにある。以降，凸版印刷のCVCが，戦略シナジー創出という目的から，いかにして一貫した組織体制構築，投資運用プロセス設計，バリューアップ支援を実行しているかを紹介する。

［3］　全社一丸となった組織体制の構築

　凸版印刷は，CVC子会社を設立するのではなく，事業開発本部の傘下に戦略投資センターを設立し，同センター内に投資実行を担うCVC部，重要投資先に対するPoCを実施するPoC部，バックオフィス業務を担う管理部という

スタートアップ投資機能を配置した。管理部の業務分掌として管理業務のみを規定するのではなく，管理部員に対しても投資案件開拓を役割として与えており，戦略投資センター一丸となって積極的に有望スタートアップの開拓に臨んでいる点は非常に興味深い。

　戦略投資センターは，社外からの招聘メンバーと社内メンバー概ね半々で構成されている。社外から招聘しているメンバーは，ベンチャーキャピタルや事業会社の投資責任者，IT 系企業出身者など，投資や PoC に関わる「即戦力」を揃えている。社内メンバーに関しても，MBA や公認会計士，中小企業診断士などの有資格者，戦略や財務，法務に強みを有するメンバーで構成されている。人材確保は CVC において大きな課題となるが，凸版印刷が社内外から有用な人材配置を実現できた背景には，トップマネジメントの CVC に対する理解，スタートアップ投資を介したオープンイノベーションの重要性に対する理解があった点が挙げられる。

［4］　投資後の事業構想を明確にする投資検討プロセス

　凸版印刷の CVC の主要なソーシングチャネルは，ベンチャーキャピタルや他の CVC や既存投資先，監査法人からの紹介，ピッチイベントにおけるスカウトが中心である。特に，凸版印刷ではイノベーションリーダーズサミット（ILS）や Morning Pitch などのイベントを自社のスタートアップ投資における有用なアウトバウンドのチャネルとして位置づけている。

　こうしたチャネルから収集されたパイプライン情報は，週次で開催される戦略投資センター内の会議体で共有され，対象スタートアップの事業だけでなく，投資後の協業仮説・事業構想についても評価される。この段階では，CVC 部の投資担当者を中心としつつ，協業構想において連携が想定される事業部のメンバーを交えて議論が交わされる。そして，この事業構想の内部評価を通過した案件は，いわゆる投資委員会にあたる「少額出資検討会」で，本格的に検討されることとなる。

　少額出資検討会は，年間当たり，ないしはスタートアップ 1 社当たりへの投

資上限額が設定された中でのスタートアップ投資専門の決裁会議体である。事業開発担当執行役員を議長として，事業開発・財務・法務・IT の 4 部門から 1 名ずつが参加する 5 名の合議体であり，投資実行には過半数の賛成が必要となる。少額出資検討会においては，定量的／定性的な評価基準を織り交ぜた独自の評価指標について，各部門で評点をつける等，承認・否認の判断基準や根拠の明確化に努めている。また，投資実行を担う CVC 部を中心に，法務部門の協力の下，投資契約および業務提携契約のひな型・チェックリストの整備等，投資関連ノウハウの形式知化に努めている点等，専門の管理部門を内包している本体投資ならではの工夫も見られる。

　この少額出資検討会の審査過程では，事業内容や事業計画に関するプレゼンテーションのためにスタートアップ企業の社長をはじめとするマネジメントを招聘し，これを受けて投資実行の判断を行っている点が特徴的である。戦略投資センターのメンバーに加え，関連事業部の部員が参加することにより，事業構想評価の精度向上や，投資後の連携基盤の構築を構造的に取り入れている。加えて，戦略シナジーの創出を明確に打ち出す凸版印刷の CVC では，このプレゼンテーションの中で，投資実行後に凸版印刷に期待する役割や機能などを明確にしてもらうことにより，投資実行後のミスマッチの極小化を図っている。少額出資検討会の場でのスタートアップからのプレゼンを経た後に，投資契約の規定をはじめとする投資条件や，スタートアップと凸版印刷の協業条件を取り決める業務提携契約等の協議・合意に進み，凸版印刷の内部メンバーのみで構成される少額出資検討会で最終的な承認・否認が決定されるというプロセスをたどる。この一連の投資検討プロセスは，最短 3 か月で完結され，スピード感のある投資実行を可能としている。一度は凸版印刷のアセットによる貢献余地がないことを理由に投資を見送ったスタートアップともコミュニケーションを重ね，バリューアップ支援ができる状態にあると判断し，2 年ほどが経過してから投資に至った案件があるように，凸版印刷では投資先スタートアップに対するバリューアップ支援や貢献に強いこだわりを有している。

［5］ 伴走型バリューアップ支援

　凸版印刷の CVC の最大の強みは，投資先スタートアップのバリューアップ支援にある。そもそも凸版印刷は，事業ドメインが広く，スタートアップがどのような事業を展開したとしても社内に活用可能なアセットを有している可能性が高く，また凸版印刷の投資を受けることで特定他社の出資が制限されるような「色」も付きづらいことから，スタートアップにとっては無色透明な CVC であるとも言える。このような特徴を活かし，①共同開発，②ベンチャーサービス／製品の凸版印刷での導入・ライセンス，③凸版印刷製品とのサービス／プロダクト連携，④凸版印刷のネットワークを活用した販売代理，⑤合弁事業化の五本柱で投資先ベンチャーの支援・協業を行っている。

　凸版印刷は，保育施設向け IoT サービスを提供するユニファ株式会社に対して2017年にシリーズ B でマイノリティ投資を行った。IoT や AI を活用し，保育業務の負担軽減や保育の質を向上させる次世代型保育施設「スマート保育園®」「スマート幼稚園®」「スマートこども園®」構想の実現を目指して協業を推進している。凸版印刷グループ企業で，保育園や幼稚園向け絵本の作成やジャングルジム等の遊具販売を担うフレーベル館が，資本業務提携後速やかにユニファの IoT プロダクトの総代理店となった。そして，フレーベル館は，保育施設ネットワークを活用してユニファ製品の販売代理を開始し，短期的成長を支援している。2019年に追加出資をしたことで，他社と共同リードインベスターとなり，社外取締役の派遣も開始している。長期的成長支援策として共同新事業開発を推進しており，フレーベル館が拡販した IoT プラットフォームから，ユニファが収集した園児の記録データと保護者との顧客接点を活用した新しいプラットフォームの共同開発を構想している。

　凸版印刷の CVC は，こうした投資先ベンチャーに寄り添う伴走型 CVC を構築しているが，グループ全体を網羅するような事業部連携にはまだ道半ばと自己評価している。今後は，グループの幅広な事業ドメインを広範にネットワークする事業部連携体制を構築し，よりいっそうの投資先ベンチャー支援の

強化を目指している。

【コラム⑤】　イノベーションはトップから

　国内 CVC においては，投資活用およびその後の協業に関するレポーティング対象を CEO とするケースが最も多い（図表）。CVC の設立は，特定の一部門が企画するものではなく，長期的な企業価値の創造を目的とした経営の問題であるから，CVC 活動にはトップマネジメントのコミットが欠かせない必要なピースである。

図表	国内 CVC とグローバル CVC とのベンチャー投資・協業担当組織におけるレポーティング対象の比較

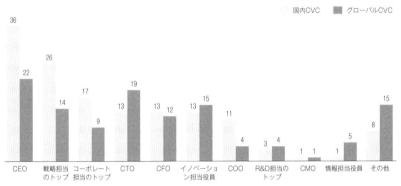

国内CVC　グローバルCVC

	CEO	戦略担当のトップ	コーポレート担当のトップ	CTO	CFO	イノベーション担当役員	COO	R&D担当のトップ	CMO	情報担当役員	その他
国内CVC	36	26	9	13	13	13	11	3	1	1	8
グローバルCVC	22	14	17	19	12	15	4	4	1	5	15

（出典）　経済産業省・一般社団法人日本ベンチャーキャピタル協会「我が国のコーポレートベンチャリング・ディベロップメントに関する調査研究」2019年7月発表

　そのためには，トップマネジメント自らが自社に迫る脅威を具体的に認識し，イノベーション投資手法として CVC を選択する必要性や目的を理解すると同時に，相応に失敗リスクが付きまとう投資先行型の長期的取組みであるスタートアップ投資に立ち向かう覚悟を持つ必要がある。トップマネジメントをシリコンバレーに同行させ，現地の VC やスタートアップ経営陣とのディスカッションを通じて最先端の技術やビジネスに触れてもらい，トップマネジメントの理解を促進した事例もある[7]。

　そのうえで，トップマネジメント自らが CVC の重要性を説明したうえで，人材配置を指示する，評価指標の変更を指示する，CVC と事業部との連携やスター

7　経済産業省「事業会社と研究開発型ベンチャー企業の連携のための手引き（第三版）」。

トアップ支援を指示する，といった姿勢が必要であろう。トップマネジメントがスタートアップ投資の特徴を理解していれば，CVCの投資判断プロセスの効率化や委譲する権限の拡大などにもつながることが期待される。トップマネジメントをコミットさせるには，内部リソースがスタートアップ投資に精通していることも必要である。VCやスタートアップ投資専門の外部専門家を招いてCVC勉強会を実施する，といった手段も有効である。CVCに関わる複数の事業部メンバーも参加し，スタートアップ投資の特徴や，あるべきCVC像について客観的な視点から意見を聞くことにより，CVCに対する共通認識が形成されるであろう。

第 7 章

CVC 投資の新視点
～思考の呪縛からの解放を目指して～

　昨今，事業会社は，テクノロジー系スタートアップ企業との連携を何らかの形で推進することに価値を見出しつつあり，無論，これは日本の上場企業も例外ではない。そして，スタートアップ企業側も，大企業との連携に自社の価値創造の機会を認めつつある。1990年代は IT バブルの崩壊までの時期で，スタートアップ企業側は「イケてる」と自負するスタートアップ企業であればあるほど，事業会社との提携や彼らからの資金提供を受けるべきではない，と考えるのが一般的であった。理由の1つは，特に IT セクターにおいて，スタートアップ企業が生み出した技術を大企業側に乗っ取られるのではないかという懸念がまだ強かったからだ。それは，エコシステムの中で IP（知的財産）の保護がまだ十分とは言えないという認識が強かったことに起因する。

　しかしながら，2020年現在，IP 問題への懸念は相対的に低くなっている。また，Exit 手法について，スタートアップ企業が IPO 一辺倒ではなく，むしろ M&A を好む傾向すら出てきている。事業会社に M&A をされることが，有力な Exit の選択肢と考えられるのであれば，当初から事業会社の出資を受け入れることは，将来の M&A の可能性を拡げることにも繋がる。

　このような背景のもと，我々は，事業会社による CVC 投資をもっと多角的に捉える必要があるのではないかと考える。これまでの狭義の CVC 投資は，「事業会社が，自社の資金を自社の事業と関連のあるスタートアップ企業に投資し，何らかのリターンを得ること」と考えていた。これは，スタートアップ企業の事業内容が，事業会社の既存事業と何らかの「補完性」があることを投資の必要条件としており，あわよくば，その投資したスタートアップ企業自体が，IPO などの happy な Exit に至ることまでも期待する。つまり，事業会社との補完関係に加え，スタートアップ企業の成功という，二兎が実現するような「目利き力」を事業会社の経営陣は CVC 担当者に求める傾向がある。

しかしながら，そのような事業会社にとっての「理想的な」スタートアップ企業はそれほど多くはなく，また，存在したとしても，その事業会社がその「理想的な」スタートアップ企業に投資することが許されるとも限らない。資金提供の際には，他の一般的な VC（研究論文では，CVC との対比で，Independent Venture Capital（IVC）という呼び方が使われる。ここでも，通常の"金融" VC を IVC と呼んでいきたい）との競争もある。また，既に「補完性」が認識されているのであれば，事業会社の本業における競争相手もこぞってそのようなスタートアップ企業との連携を望むはずだ。結果として，そのような「理想的な」スタートアップ企業への投資ができる事業会社はごく僅かで，事業会社が鳴り物入りで CVC 活動を始めたとしても，実際にその活動は低調に終わってしまう可能性もある。

本章では，そのような狭義の CVC 活動から脱する必要があることを示唆したい。特に，現在の日本の事業会社を取り巻く状況に鑑みると，CVC 活動から事業会社が得られるベネフィットは想定以上に多様である。いくつかの実例にも触れつつ，幅の広い CVC 活動を包括するフレームワークを示してみたい。

7-2 ｜「戦略リターン」実現という呪縛

CVC 投資は，戦略リターンをもたらすものであるべきで，財務リターンは求めるものではない，という基本方針を堅持しようとする事業会社は多い。特に，日本の大企業は，90年代のバブル経済における不動産・株式投資で負った傷の総括がなされていないせいか，「投資」という単語に経営トップは拒否反応を示す場合が未だに多い。そのため，CVC 活動の担当者は，社内稟議を通すためにはどうしても「戦略リターンしか目指しません」と宣誓せざるをえない。

しかしながら，戦略リターンの定量化は殊の外難しく，CVC 活動開始後も

戦略リターンだけを愚直に求めるだけでは，「全く価値創造が行われていないではないか」と経営陣や他部署から指摘され，CVC活動を持続することができない場合も多い。CVC活動を持続するためには，ある程度の財務リターンも実現させていく必要がある。

　戦略リターンと財務リターンは二者択一である，という思想の背景には，カリフォルニア大学バークレー校のチェスボローが2002年に示した**図表7－1**（Chesbrough 2002）の影響がある。

図表7－1 チェスボローによる分類

　チェスボローは，事業会社によるCVC投資の目的としては，アプリオリに戦略リターンと財務リターンは峻別されるものとみなし，上図を描いている。このマトリックスは，財務リターンのみを狙う投資もCVC投資と位置づけるが，現実に右下のボックスに区分される投資（いわゆる純粋投資型）は事業会社，特に日本の大企業では許されない場合が多いだろう。また，左下のボックス（事業補完型）も右上のボックス（事業創出型）も，本来は最終的に戦略リターンの実現を狙うものと解釈できる。つまり，上記のカテゴリー分けでは，投資対象のスタートアップ企業（加えて事業会社の既存事業）が，現実には常にダイナミックに変化していることをうまく捉えきれていない。両者の事業内

容が極めて静的に定義されうると仮定しており，実際の投資判断には使いにくいものとなっている。ダイナミックな事業内容の変化を前提とすれば，左下のボックスも右上のボックスも，時間の経過とともに左上のボックスに収斂していくものと考えられる。つまり，このマトリックスでは，最終的に左上のボックスと右下のボックスだけが残ることとなり，戦略リターン vs 財務リターンという１次元の区分と大差がなくなる。

7-3 事業会社の既存事業との関係性 〜「補完性」の呪縛からの解放〜

　スタートアップ企業の事業内容と事業会社の既存事業との関係性をマッピングするには，事業会社の既存ケイパビリティとの関係性の次元だけでは不十分だ。また，戦略リターンと財務リターンの可能性をアプリオリに判別することは難しい。通常は，戦略リターンが生じるのであれば，その一部分として財務リターンも実現しているはずだ。実務的には，財務リターンの実現は，戦略リターン実現の必要条件と考える方がしっくりくる。

　そのような現実的なニーズを反映したモデルが，**図表７−２**の樋原（2016）の分類だ。

　横軸で，事業会社の既存事業との関係を補完性と代替性という次元で測り，縦軸で，既存事業との距離を測ることで，スタートアップ企業の事業内容との関係性を２次元でマッピングしている。Chesbrough（2002）が，事業会社のoperating capability との関係性を１次元でマッピングしているのに対して，スタートアップ企業の事業内容との関係性をより豊かにマッピングすることが可能になる。逆三角形になっているのは，既存事業との距離が離れれば離れるほど補完性と代替性は下がることから，より中立に近い事業内容となることを示すためである。

　この逆三角形の図により，ともすると「戦略リターン」は自社の既存事業と

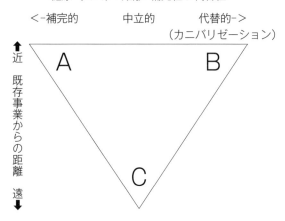

| 図表 7 − 2 | 投資対象企業の事業内容をマッピングする |

樋原（2016）：距離×補完性＆代替性

「補完性」の高いスタートアップ企業との連携からしか実現できないのではないか，という固定観念からも解放される。

さらに，この図の利点は，特にスタートアップ企業の事業内容との関連性がダイナミックに変化することを把握できる点にある。

おそらく，最初の投資時点で既存事業との距離が極めて近いAあるいはBのような段階にあるとみられるスタートアップ企業にCVCが投資を行う可能性は低い。最初に投資する時点で，例えば，Aの領域にあると認識できるスタートアップ企業であれば，事業会社は通常のプリンシパル投資で関係を結ぶか，あるいはM&Aで買収してしまう可能性が高いであろう。もちろん，スタートアップ企業がそれを受け入れることが条件となる。

また，Bの領域として既に双方が認知している場合も，事業会社が買収して競争の芽を摘んでしまうか，スタートアップ企業がそれを受け入れないのであれば，徹底抗戦という競争状況に陥るであろう。クリステンセンのいうイノベーションのジレンマに陥っている状況を事業会社が放置した結果，事業会社の既存事業がスタートアップ企業に喰われてしまうリスクを既に負ってしまっている状況にあることを意味する。

図表 7 － 3	投資対象企業の事業内容をマッピングする

樋原（2016）：距離×補完性＆代替性

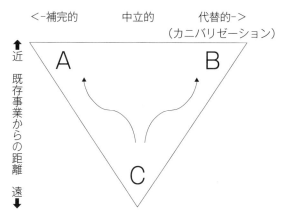

　以上の考察から，実際にCVC投資の対象となるスタートアップ企業は，投資時点ではC領域にある場合が多いであろう。投資後，**図表7－3**に描いた曲線が示すとおり，投資後に結果としてA領域，B領域に移動していくのが現実に近い。

　Hellmann（2002）は，A領域にあるスタートアップ企業への投資は，事業会社のCVC投資により適合的で，B領域にあるスタートアップ企業への投資は，IVCによる投資がより適合的である，ということを理論モデルで示した。しかしながら，その理論モデルは，必ずしもスタートアップ企業の事業内容と事業会社の既存事業との距離のダイナミックな変化（つまり事業会社にとってのスタートアップ企業の価値が変化する可能性）をモデルに組み込めているとは言えない。事業会社は，スタートアップ企業の価値がダイナミックに変化する可能性を勘案してCVC投資を行っているはずだ。

　とはいえ，事業会社といえども，それがA領域に収斂してくるのか，あるいはB領域に収斂してくるのかは判然としないがゆえに，なおさら，CVC投資という手段を選択するのではないだろうか。事業会社の既存事業のポートフォリオ自体もそう遠くない将来に向けて変化していくはずではあるが，それも事

前にはっきりとしているわけではない。そのような不確実な状況に対処しよう
とする事業会社にとっては，CVC 投資という手段が魅力的なツールとなるこ
とを，この図は示しているとは言えないだろうか。舞野（2018）は，ほぼこの
図と同じフレームワークを用いて，CVC 活動を活発に行っている日本の代表
的な企業が投資対象としてきたスタートアップ企業をカウントしている。例え
ば，広告セクターの電通と博報堂が CVC 投資の対象としている企業のうち，
約 6 割が C 領域に位置していたという結果を得ている。

　一方で，投資時点から A 領域にあると考えられていたスタートアップ企業へ
の投資の実例にも触れておきたい。

　株式会社ニコン（以下，「ニコン」）による東大発ベンチャーの株式会社エク
スビジョン（以下，「エクスビジョン」）に対する投資がそれに該当する[1]。エ
クスビジョンは，2009年に設立された高速画像技術の SDK を提供するプラッ
トフォームの構築（High-Speed Vision 事業，以下「HSV」）及びプロダクト
の開発に取り組んでおり，自動運転や監視カメラなどへの実装化が期待されて
いた。ニコンの既存事業のポートフォリオとの補完性が明らかに高い技術を有
しており，魅力的なスタートアップ企業であった。

　ニコンの CVC 担当者は，2018年にエクスビジョンへの投資を検討した。担
当者は，エクスビジョンに対する当初のヒアリングにおいて，売上も立ってい
ることから，当社は既に開発した技術を量産化するフェーズに至っているもの
と判断していた。その時点までに IVC や他の CVC も既に投資をしており，想
定されている企業価値も近い将来の量産化を見込んだ高い水準となっていた。

　しかしながら，ニコンによるデューデリジェンスが進むにつれ，技術力は高
いものの，実はビジネス化が加速するフェーズにまでは至っていないことが確
認され，いったん CVC 投資は見送られることになる。その後，既存の投資家
も同じ認識を持っていることが判明し，また，CVC 投資を既に行っていた事
業会社は，自社事業との補完性を見出しにくい状況に陥っていた。ニコンの既

1　より詳しい本件の内容は，ニコン・コーポレート・ベンチャーキャピタル（Waseda
Business School Case 2020）をご参照願いたい。

存事業との補完性は確かなものであったことから，4か月後にエクスビジョンを買収する決断を下した。

本例は，A領域にあるスタートアップ企業を対象としたCVC投資を考えている事業会社の投資行動の指針となり得る。事業会社の既存事業との距離が極めて近く，また，補完性も極めて高いとみるスタートアップ企業へは，必ずしも他のIVCおよびCVCとの協調投資に留める必要はない。事情が許せば，買収あるいはプリンシパル投資を行うことが，事業会社からみた価値創造，すなわち戦略リターン実現の可能性をより高める場合もあり得る好例と言える。

7-4 スタートアップ企業から見たCVC投資 〜「事業会社視点」という呪縛からの解放〜

ここまで，事業会社側の視点から，CVC投資がもたらす効果を考えてきた。すなわち，事業会社の既存の事業ポートフォリオに対する効果の可能性のみをCVC投資のベネフィットとして捉えてきた。しかしながら，事業会社によるCVC投資は，投資されたスタートアップ企業にもベネフィットをもたらすことが確認されている。例えば，Chemmanur et al（2014）は，IVCが投資したスタートアップ企業よりも，CVCが投資したスタートアップ企業の方が，企業価値が高まっていることを示した。また，Park & Steensma（2012）は，スタートアップ企業が持つテクノロジー・シーズの実装化がより促進されるのは，そのための補完的な資産を有している事業会社からCVC投資を受けた場合であることを示している。

CVC投資が，投資を受けたスタートアップ企業にもベネフィットをもたらす場合があるのは上述のとおりであるが，その場合も投資する事業会社に何もベネフィットをもたらさないわけでは決してないという点は，見過ごされている場合が多い。例えば，スタートアップ企業が成長して量産体制に入った場合，事業会社がその生産を行うだけのケイパビリティを有していれば生産受託も可

能であり，そこで手数料を稼ぐことができる。すなわち，事業会社のビジネスそれ自体への補完的機能をスタートアップ企業に求めることだけが，事業会社が収益を獲得することができる唯一のルートとは限らないのだ。スタートアップ企業のビジネスに対する補完的な役割を演じる事業会社であっても，広義の戦略リターンを生み出すことができる。それを認識している事業会社は，この種のリターンの可能性も求めて実際にCVC投資を実行することがありうる。となれば，これまで描いてきた投資対象企業の事業マッピングは，**図表7-4**のように修正することが必要だ。

つまり，事業会社の視点で描いた逆三角形に，スタートアップ企業の視点で描いた三角形を追加する必要がある。なお，スタートアップ企業視点の三角形も，横軸には補完性と代替性を測る次元を設定するが，この場合の補完性および代替性は，スタートアップ企業を主語とするそれに他ならない。

例えば，Dの領域は，スタートアップ企業が事業会社のケイパビリティ（資

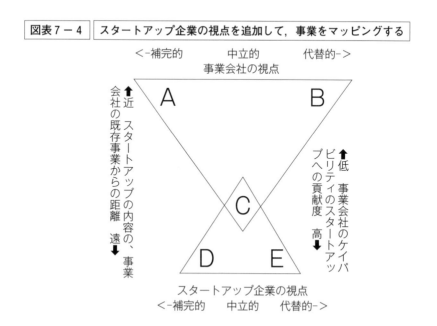

図表7-4 スタートアップ企業の視点を追加して，事業をマッピングする

<-補完的　　　中立的　　　　代替的->
事業会社の視点

A　　　　　　B

C

D　　　E

スタートアップ企業の視点
<-補完的　　　中立的　　　　代替的->

（縦軸左）会社の既存事業からの距離　近↑　遠↓　スタートアップの内容の、事業

（縦軸右）事業会社のケイパビリティへの貢献度　低↑　高↓　ビリティのスタートアップ

産）を利用して，スタートアップ企業の売上，ひいては企業価値の増大が見込まれる状況を示している。これまで論じてきた逆三角形上のＡ領域は，スタートアップ企業が事業会社の事業の価値向上に貢献する状況を描写していたわけであるが，逆に，新たな三角形上のＤ領域は，事業会社がスタートアップ企業の事業の価値向上に貢献すること，すなわち，逆三角形とは主客が逆転した状況を示している。

　Ｄ領域に収斂してくる実例を挙げよう。再び，ニコンの例である。2018年12月に，自動運転などで利用される距離計測センサのLiDAR（ライダー）を開発，製造する米国企業のVelodyne社に対し，ニコンは25百万ドルを出資した。この投資の目的は，ニコンの光学および精密技術との戦略的リターンを将来的に実現させることにあった。しかしながら，LiDARは，自動運転の安全性確保に必須の技術となり，他の投資家からも多額の資金を調達，2020年7月にはグラフ・インダストリアル・コープと合併契約を締結して時価総額は1,800百万ドルに達し，現在SPAC（Special Purpose Acquisition Company）を活用して上場を果たしている。ニコンとしては，自社の戦略的リターンの実現に向けて，2019年にVelodyne社と生産受託契約を締結し，同社製品の量産を担っている。

　本件は，投資当初の段階では，Velodyne社は，ほぼＣ領域にマッピングされていたものと考えられるが，その後の急激な成長の結果，ニコン主体の戦略リターンの実現というよりも，ニコンが彼らの製品の生産過程に関与することで成長に貢献する立場となった。つまりは，**図表7－4**のＤ領域に収斂するような投資となりつつあるのである。それと同時に，ニコン側から見れば，生産受託によって自社の生産設備を有効活用し，生産受託料を稼ぐことができるうえに，同社の上場に伴い，当初の25百万ドルの投資から相応の財務リターンもあり得る。この事例は，Ｄ領域において，戦略リターンと財務リターンの双方が期待できる好例と言える。

　近年の日本企業は，概して先端技術の開発では，特に米国企業に遅れを取っている。しかしながら，既存の生産設備および生産技術で劣っているわけでは

ない。アメリカのスタートアップ企業の技術に投資したうえで日本企業の既存の生産設備で量産し，中国，インド，アセアン諸国の指数関数的な需要の伸びに応えていく，というビジネスモデルは，今後の日本企業の生き残り策として極めて合理的な選択の1つと言えるのではないだろうか。生産設備および生産人員の調整がなかなか難しい中，このような形で米国のスタートアップ企業と関わっていくことは，ある意味で効率的とも言える。リターンのアップサイドは青天井ではないものの，このような「戦略リターン」の実現を企図することも，特に日本企業にとってはCVC投資の目的の1つとすべきではないかと考える。

　ニコンの投資ポートフォリオの中で，前述のエクスビジョン社とVelodyne社の事例は，**図表7－5**のようにまとめることができる。つまり，ニコンによるCVC投資は，A領域にとどまらず，D領域にも収斂するようなスタートアップ企業も対象としているとみなしていい。

図表7－5	多角的かつダイナミックに，CVCを広義にマッピングする

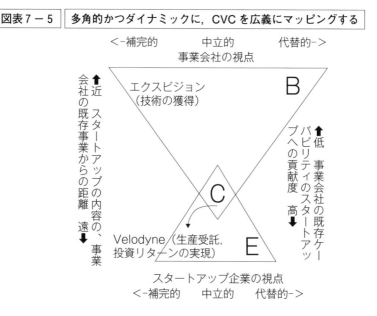

図表7－5のE領域は，スタートアップ企業が事業会社のケイパビリティを使えば使うほど，スタートアップ企業の取り分が減少していくような状況を示唆している。これは，Dushnitsky and Shaver（2009）が看破したように，知的財産の保護が弱いテクノロジー・セクターで，スタートアップ企業の開発した技術が事業会社に搾取される可能性を示している。まさに，1990年代のITスタートアップ企業は，大企業からの投資を受け入れることによってE領域に収斂していくリスクを嫌い，回避しようとしていたと言えるであろう。

7-5 IVC投資にはないCVC投資の柔軟性と豊饒さ

　IVC投資は，LPとして機関投資家などが背後にいるわけであるから，調達した金額のすべてを投資することが求められ，そのファンドの満期も約7年から10年の間で事前に厳密に定められている。その期間内に相応のレベルの財務リターンを求められるからには，ファンド設立後3年程度でファンド総額のほとんどを投資する必要がある。したがって，ほぼ同じタイミングで多くのスタートアップに投資しなければならず，投資の分散化は企業間の差異，あるいはビジネス・セクター間の差異に依存する。しかしながら，IVCにも得意なセクター，不得意なセクターがあることが多いため，どうしても投資が特定セクターに集中しがちで，ビジネス・セクター間の分散効果が期待できるような投資ポートフォリオはなかなか造成しにくいはずだ。

　一方，CVC投資の場合には，事業会社のバランスシート上から投資している場合のみならず，二人組合（事業会社が唯一のLPで，GPを事業会社のVC子会社あるいは第三者のIVCが務める）の形態でファンドを設置している場合でも，LPはその事業会社一社であることから，投資金額，ファンドの満期期間などを柔軟に設定することができる。ファンドが既にスタートした後であっても，金額の変更，満期期間の変更が比較的容易である。

このように，CVC投資の場合には，一時点ですべての投資を行うのではなく，タイミングを分けて投資を実行することができる。これを，ここでは，投資の「時間軸での分散化」と呼びたい。

　「時間軸での分散化」には，少なくとも2つの利点がある。1つは，投資対象企業間の差異，ビジネス・セクター間の差異[2]に依存せず，投資のヴィンテージ・イヤーごとの分散化を図ることができるという点である。もう1つの利点は，最初の利点と関連するが，時間軸で投資の分散化を図ることから，CVC担当者にとって学習（Learning）する機会に恵まれるという点である。その結果，投資を重ねるごとに正の学習効果が期待され，事業会社の投資ケイパビリティは向上していくはずだ。

　投資能力を向上させるために，CVC活動の初期段階ではLP出資から始めるのも1つの選択肢であり，また，CVCファンドから他のファンドへのLP投資（ファンズ・オブ・ファンズ投資）は，ファンド全体のリターンの向上にも寄与する可能性がある。

　また，投資ケイパビリティの向上と同時に，事業会社の事業育成能力[3]の向上を企図したプログラムを併用する場合もある。事業育成能力の向上のためには，コーポレートアクセラレータープログラムの設置，各事業部とCVC本部との関係性のコントロールを目的とした組織再編などが考えられる。

　例えば，ニコンは，投資能力の向上と事業育成能力の向上を目的として，**図表7－6**に示すような取組みを行っている。

［1］　投資能力の向上

　経験が乏しい初期段階には，投資能力と事業育成能力の2つを並行して開発する必要がある。その際に有効なことは，外部の専門家と協働しながら徐々に自社内に経験値を蓄積していくこと，失敗を恐れずにチャレンジする精神，そ

2　そもそも，事業会社によるCVC投資は，戦略リターンを企図しているため，特定のセクターに投資が集中する傾向があり，セクター間の分散化は望みにくい，とも言える。
3　オープンイノベーション能力，と言ってもいいかもしれない。

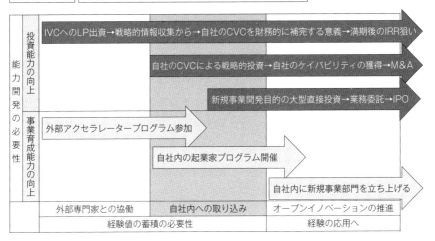

図表7－6　投資能力と事業育成能力を時間軸で開発する

投資能力の向上	IVCへのLP出資→戦略的情報収集から→自社のCVCを財務的に補完する意義→満期後のIRR狙い		
	自社のCVCによる戦略的投資→自社のケイパビリティの獲得→M&A		
	新規事業開発目的の大型直接投資→業務委託→IPO		
事業育成能力の向上	外部アクセラレータープログラム参加		
	自社内の起業家プログラム開催		
	自社内に新規事業部門を立ち上げる		
	外部専門家との協働	自社内への取り込み	オープンイノベーションの推進
	経験値の蓄積の必要性		経験の応用へ

能力開発の必要性

してたとえ失敗しても批判せず，そこから学んでやり方を修正していく姿勢である。すなわち，トライアルアンドエラーのプロセスを経ながら，自社のやり方を身につけていく。そういう時間軸をもってCVCプログラムをとらえるのが有効である。

　投資能力の向上については，投資経験のない事業会社にとって，IVCへのLP出資（ファンド・オブ・ファンズ投資）からスタートすることは大変有益である。ただし，この場合には，通常のLP投資契約以外に，GPとサイドレターを締結することによって，戦略的な情報提供の義務を約束してもらうことが不可欠になる。これによって，単なる財務リターンを待つだけではなく，様々なスタートアップの情報や，それを取り巻くメガトレンドの市場情報を得ることが可能となり，社内のスタートアップ投資のリテラシーの向上と，それに伴う人材の発掘や育成にも役に立つ。通常のIVCのファンド期限は10年で，前半は投資期間であるため，様々なスタートアップの情報を入手することができる。次第に戦略的な投資の情報は少なくなってくるが，代わりにファンド期間の後半は，LP投資家として財務リターンを期待することができることから，LP出資以外の投資の失敗をカバーすることができ，ポートフォリオ全体とし

ての価値が生じてくる。

　他方，LP出資以外の本丸のCVC投資の初期段階では，財務リターンはあまり期待できないかもしれないが，自社で出資先スタートアップを選定することができるため，特に自社のR&Dの補完や強化，スタートアップの優秀な人材の確保，ノウハウや特許といった知的財産獲得のために，自社の事業部門や研究開発部門にとっても大変有効な手段となり得る。CVC投資を通じてこうした投資能力を開発することで，CVCの担当部門だけでなく，社内の事業部門や研究開発部門のエンジニア達の意識の中に，優秀な技術を持ったテクノロジー系のスタートアップへの関心が高まり，エンジニア自らスタートアップのソーシングを始めるようになれば，事業会社のCVC活動としては成功といえるのではないだろうか。

［2］　事業育成能力の向上

　こうした段階になってくると，事業育成能力の向上についても，いろいろな経験を蓄積していく必要が出てくる。しかしながら，それは時間軸で考えると一日にしてなるものではない。したがって，それを担保するために，まずはスタートアップとともに事業を育成するということはどういうことかを，早めに自ら経験するプロセスを開始する必要がある。そのためには，投資能力の向上の考え方と同様に，まずは外部の専門家であるアクセラレーターの活動を経験するために，彼らとともに一度アクセラレーターとのイベントを開催し，協働でスタートアップの価値を向上する活動を一定期間行ってみるのが良い。これにより，事業会社は，スタートアップの技術DD（デューデリジェンス）等を通じて，スタートアップが抱える諸問題について洞察を得ることができる。

　事業育成能力向上の次の段階は，外部スタートアップの価値向上プログラムの経験を生かして社内に埋もれている社内起業家を募集し，一定期間自社内で新事業開発のインキュベーションを実施することである。これらの活動を通じて，スタートアップが抱える研究開発段階の課題（魔の川），事業化の課題（死の谷），産業化の課題（ダーウィンの海）について身をもって体験すること

ができる。

　そのためには，オープンイノベーションの専門部署を組成し，優秀なやる気のある人材を集めて，社長直下で新規事業部門を作るべきであろう。なぜならば，こうした投資能力や事業育成能力の開発は，何もスタートアップへ投資して，協働するときだけに発生する課題とは限らないからだ。これは，事業会社が既存の事業部内で新規事業を起こす際に直面する課題と，根源は全く同じだからである。

7-6 ｜ ま と め

　本章では，「呪縛からの解放」をキーワードに，1）戦略リターン実現，2）自社の既存事業との補完性，3）CVC 投資を行う事業会社の視点，にそれほど拘泥することなく CVC 活動をすべきではないかという問いかけを行った。

　事業会社にとって CVC 活動は全く未知の外部の問題ではない。事業開発とその育成という根源的な課題に向き合うための，新たな武器の 1 つと認識するべきである。

　現在，多くの日本企業がイノベーションへの思い切ったリソース配分に躊躇している感は否めない。しかしながら，既存事業の効率化に集中するだけでは生き残れない時代に突入している。今一度，CVC 活動を新たに手に入れた武器と再認識し，死に物狂いでイノベーションを起こして国際競争に挑んでもらいたい。本章がそのための第一歩となることを切に願っている。

（参考文献）

Chesbrough, T.（2003）*Open Innovation*, Harvard Business School Press.

Chemmanur, T. J., Loutskina, E. and Tian, X.（2014）'Corporate venture capital, value creation, and innovation', *Review of Financial Studies*, 27(8), pp. 2434-2473.

Dushnitsky, G. and Shaver, J.（2009）'Limitations to interorganizational knowledge acquisition: The paradox of corporate venture capital', *Strategic Management Journal*, 30(10).

Hellmann, T.（2002）'A theory of strategic venture investing', *Journal of Financial Economics*, 64(2), pp. 285-314.

樋原伸彦（2016）「CVC 投資の新たなカテゴリーの提示」早稲田国際経営研究，47，pp. 83-88.

舞野貴之（2018）「コーポレートベンチャーキャピタルによるファンド投資の類型化に関する研究」プロジェクト研究論文，早稲田大学ビジネススクール.

Park, H. D. and Steensma, H. K.（2012）'When does corporate venture capital add value for new ventures', *Strategic Management Journal*, 33(1).

執筆者紹介

岡本　准（第2章）
株式会社 KPMG FAS 執行役員パートナー　ストラテジー＆インテグレーション所属　KPMG ジャパン製造業セクターリーダー
シンクタンク，総合系コンサルティングファーム M&A 部門，外資系企業再生ファームを経て2010年 KPMG FAS 入社。和歌山大学経済学部卒。ウェールズ大学経営大学院経営管理学修士課程修了。（MBA）東京工業大学環境・社会理工学院技術経営専門職学位課程修了。（MOT）

渡邉直人（第5章）
KPMG 税理士法人 パートナー／税理士　ファイナンス＆テクノロジー所属
1999年に入社し，2011年に大手 IT 企業へ転籍，2014年に KPMG 税理士法人に復帰。明治大学商学部卒。明治大学大学院経営学研究科修了。

吉野恭平（第3章）
株式会社 KPMG FAS パートナー　ディールアドバイザリー所属
有限責任あずさ監査法人を経て，2007年 KPMG FAS 入社。これまで150件超の国内・海外 M&A 案件に関与，財務デューディリジェンスおよびポストディールサービス等 M&A の様々なステージにおける財務会計面でのサポートを提供。慶應義塾大学経済学部卒。公認会計士。

篠原　暁（第4章）
株式会社 KPMG FAS ディレクター　コーポレートファイナンス所属
専門はフィナンシャルアドバイザリー，企業価値評価，無形資産評価，資金調達アドバイザリー等。日系大手証券を経て2010年 KPMG FAS 入社。東京大学経済学部卒。

長田旭史（第5章）
KPMG 税理士法人 シニアマネージャー　ファイナンス＆テクノロジー所属
2005年に入社し，2017年に大手 IT 企業へ転籍，2020年に KPMG 税理士法人に復帰。日本大学法学部卒。

江本匡亨（第1章，第6章，コラム）
株式会社 KPMG FAS シニアマネージャー　ストラテジー＆インテグレーション所属
広告代理店，総合系コンサルティングファーム戦略部門，経営コンサルタント事業経営を経て2018年 KPMG FAS 入社。慶應義塾大学法学部法律学科卒。

木村和秀（第1章，第3章）
株式会社 KPMG FAS マネージャー　ストラテジー＆インテグレーション所属
KPMG ジャパン製造業セクターコアメンバー
2016年 KPMG FAS 入社。早稲田大学政治経済学部卒。シカゴ大学政治学研究科修士
課程修了。シカゴ大学政治学研究科博士課程単位取得退学。

吉田和美（第3章，第6章）
株式会社 KPMG FAS マネージャー　ストラテジー＆インテグレーション所属
マーケティングリサーチ会社，総合系コンサルティングファームを経て2017年
KPMG FAS 入社。早稲田大学第一文学部卒。

新井譜人（第3章，第6章）
株式会社 KPMG FAS マネージャー　ストラテジー＆インテグレーション所属
大手エネルギー会社の金属事業部門にて開発品・新設工場立上げに従事した後，
2018年 KPMG FAS 入社。慶應義塾大学経済学部卒。

横山紘樹（第3章）
株式会社 KPMG FAS マネージャー　ストラテジー＆インテグレーション所属
総合系コンサルティングファームを経て，2020年 KPMG FAS 入社。京都大学法学部卒。

樋原伸彦（第7章）
早稲田大学大学院経営管理研究科（ビジネススクール）・准教授
東大教養（国際関係論）卒，東京銀行（現・三菱 UFJ 銀行）入行。世界銀行コンサ
ルタント，通商産業省通商産業研究所（現・経済産業省経済産業研究所）客員研究員，
米コロンビア大学ビジネススクール日本経済経営研究所助手，カナダ・サスカチュ
ワン大学ビジネススクール助教授，立命館大学経営学部准教授を経て，2011年から
現職。米コロンビア大学大学院で Ph. D.（経済学）を取得。専門はイノベーションの
ためのファイナンス。

吉川健二（第7章）
株式会社ニコン元役員，株式会社ニコンビジョン取締役会長
1981年日本光学工業（現ニコン）入社。1986年から2000年までアムステルダム拠点とニューヨーク拠点にて事業部門の成長戦略を実行。2009年リーマンショック時に海外企業のTOBとその後の経営およびPMIを実行。2014年から本社経営戦略本部にてM&Aの統括とCVCの立ち上げを実行。現在は早稲田大学プロジェクト研究所招聘研究員としてCVCの研究とベンチャー企業の顧問として成長戦略についてアドバイスを行っている。早稲田大学商学部卒。

坂田惠夫（レビュー担当）
株式会社KPMG FAS執行役員パートナー　ディールアドバイザリー所属
有限責任あずさ監査法人を経て，2004年にKPMG FAS入社。これまで様々な業種，様々なステージの企業に係るM&A案件に関与し，財務デューディリジェンスや買収ストラクチャーに係るアドバイスを提供。専修大学商学部卒。公認会計士。

編者紹介

KPMG

KPMGは，監査，税務，アドバイザリーサービスを提供するプロフェッショナルファームのグローバルネットワークです。世界147の国と地域のメンバーファームに約219,000名の人員を擁し，サービスを提供しています。

KPMGジャパン

KPMGジャパンは，KPMGの日本におけるメンバーファームの総称であり，監査，税務，アドバイザリーの3分野にわたる8つのプロフェッショナルファームに約8,600名の人員を擁しています。

クライアントが抱える経営課題に対して，各分野のプロフェッショナルが専門的知識やスキルを活かして連携し，またKPMGのグローバルネットワークも活用しながら，価値あるサービスを提供しています。

Audit	Tax	Advisory
あずさ監査法人	KPMG税理士法人 KPMG社会保険労務士法人	KPMGコンサルティング KPMG FAS KPMGあずさサステナビリティ KPMGヘルスケアジャパン
KPMG Ignition Tokyo（デジタルテクノロジープラットフォーム）		

実装CVC —技術経営から戦略・財務リターンまで—

2021年2月10日　第1版第1刷発行
2024年6月20日　第1版第6刷発行

編　者　KPMG　FAS
発行者　山　本　　　継
発行所　㈱中央経済社
発売元　㈱中央経済グループ
　　　　パブリッシング

〒101-0051　東京都千代田区神田神保町1-35
電　話　03(3293)3371(編集代表)
　　　　03(3293)3381(営業代表)
https://www.chuokeizai.co.jp
印刷／東光整版印刷㈱
製本／㈲井上製本所

©2021
Printed in Japan

＊頁の「欠落」や「順序違い」などがありましたらお取り替えいたしま
　すので発売元までご送付ください。(送料小社負担)

ISBN978-4-502-37531-6 C3034